面向乘客策略行为的航空客运动态定价及应对机制分析

李　豪　彭　庆　谭美容　著

科 学 出 版 社
北　京

内 容 简 介

本书应用博弈论、随机动态规划、贝叶斯理论等理论和方法，从竞争、需求不确定和异质购买行为等视角对策略乘客下的航空公司动态定价策略进行研究，并引入中介商销售、模糊销售、需求学习、价格承诺等机制缓解策略购买行为对航空公司收益的影响。本书的主要内容是作者主持的国家自然科学基金项目“面向策略乘客行为的航空客运动态定价策略及应对机制研究”的部分成果，可为航空公司进行有效的收益管理，及提高经营效率提供一定的理论依据和现实参考。

本书可供高等院校管理科学与工程、应用数学、经济学、工商管理、工业工程等专业的师生阅读，亦可供航空公司及相关领域的企业决策人员参考。

图书在版编目（CIP）数据

面向乘客策略行为的航空客运动态定价及应对机制分析 / 李豪，彭庆，谭美容著. —北京：科学出版社，2018.5

ISBN 978-7-03-056460-3

Ⅰ. ①面… Ⅱ. ①李… ②彭… ③谭… Ⅲ. ①民用航空-旅客运输-定价-研究 Ⅳ. ①F560.83

中国版本图书馆 CIP 数据核字（2018）第 020021 号

责任编辑：韩卫军 / 责任校对：王萌萌
责任印制：罗　科 / 封面设计：墨创文化

科学出版社 出版
北京东黄城根北街 16 号
邮政编码：100717
http：//www.sciencep.com

成都锦瑞印刷有限责任公司 印刷
科学出版社发行　各地新华书店经销

*

2018 年 5 月第　一　版　开本：787×1092　1/16
2018 年 5 月第一次印刷　印张：8 1/4
字数：200 000

定价：70.00 元

（如有印装质量问题，我社负责调换）

本书编著人员

李　豪　重庆交通大学经济与管理学院副教授、硕士研究生导师

彭　庆　重庆交通大学经济与管理学院实验师

谭美容　重庆工商大学融智学院讲师

本书获国家自然科学基金项目（71402012）、重庆市教委科学技术研究项目（KJ130402）、重庆市社会科学规划博士项目（2012BS42）等基金项目资助

前　言

航空公司收益管理（revenue management）是指航空公司借助现代信息技术，运用预测、优化等科学手段，使所能控制的资源（客机座位）能在最佳的时刻以最好的价格出售给最合适的旅客，其最终目的是使每一航班每一航段的每一座位都以最好的价格出售。动态定价作为一种重要的收益管理技术，近年来已成为学术界的研究热点，并被广泛应用于航空公司的机票销售过程。但是动态定价意味着不同时间机票价格不同，使得乘客在各个时期购买产品的效用有差异，导致策略乘客选择购买时机，从而最大化自身效用成为可能。随着信息技术的发展和互联网的普及，乘客获得机票价格信息的渠道越来越丰富，更增加了其策略行为。近几年的航空收益管理研究表明，策略乘客选择购买时机的行为减少了航空公司的期望收益。例如，Ovchinnikov 和 Milner（2005）、Levin 和 McGill（2009b）等发现：如果航空公司在决策过程中不考虑乘客的策略行为，会造成 20%～35%的收益损失。因此近年来，有关乘客策略行为下的动态定价和应对机制研究受到越来越多学者的关注，所提出的价格优化方法和模型被广泛地应用到收益管理实践中。

虽然航空机票动态定价已经受到学术界和航空公司的关注，国内从事这方面研究的学者也越来越多，且在理论研究方面取得了一些高水平的成果，但是考虑策略乘客的专著并不多。本书应用博弈论、随机动态规划、贝叶斯理论等理论与方法，从四个方面对策略乘客的动态定价和应对机制进行了系统的研究。本书主要内容是作者主持的国家自然科学基金项目“面向策略乘客行为的航空客运动态定价策略及应对机制研究”的部分研究成果，包括了作者近年来在《系统工程理论与实践》《中国管理科学》《运筹与管理》《控制与决策》以及 *Open Journal of Social Sciences* 等国内外杂志公开发表的文献十余篇。

本书的主要作者是李豪及其指导的研究生。李豪负责全书结构策划，研究生谭美容负责统稿和修订。参与编写的人员有：彭庆（第 1～4 章）、高祥（第 5 章）、谭美容（第 6～9 章）。在本书的写作过程中，作者将参考的资料都尽可能地在参考文献中列出，在此对这些专家学者表示深深的谢意。若书中引用了资料而由于疏忽没有列在参考文献中，还望各位专家学者谅解。

本书的写作和出版得到了重庆交通大学的黄承锋教授、许茂增教授、石超峰教授的大力支持和帮助，在此表达深深的谢意。在此过程中，研究生陈春洋、邹柳馨做了许多工作，在此表示感谢!

本书的出版得到了国家自然科学基金项目（71402012）、重庆市教委科学技术研究项目（KJ130402）、重庆市社会科学规划博士项目（2012BS42）等的资助。

由于作者水平有限，书中难免会有疏漏之处，敬请广大读者批评指正。

李　豪

2017 年 4 月

于重庆交通大学

目 录

第二篇 竞 争

第三篇 需求不确定

第四篇　乘客异质购买行为

第1章 绪　论

1.1 研究背景

动态定价作为一种重要的收益管理技术，近年来已经成为学术界的研究热点，并被广泛应用于航空公司机票销售中。目前，动态定价已成为航空公司进行价格决策的常用方法，因为价格是决策者可通过操控来刺激需求的最有效变量之一。贝恩（Bain）公司的一项调查结果表明，价格优化模型已经成为全球25种最流行的管理工具之一。收益管理中的动态定价策略，解决的基本问题有两个：第一，面对不同的顾客群，怎样制定价格？第二，这些价格怎样随时间变化？

由于零售商往往采用动态定价来提高收益，消费者在不同时期购买产品的价格有差异。许多消费者会基于当前信息，对未来产品的价格形成理性预期，从而选择自己的购买时机，实现效用的最大化，Su（2007）将其称为策略消费者。随着市场竞争加剧和科技进步，消费者通过互联网获得的产品价格、库存水平等市场信息变得越来越具有策略性，他们会权衡自己在每一阶段可能得到的不同消费者剩余，然后决定最佳的购买时机。据《华尔街日报》报道，美国大型电子产品零售商 Best Buy 将这些策略性消费者称为“魔鬼”（devils），而将那些会毫不犹豫抢购的非策略性消费者称为“天使”（angels）。Aviv 和 Pazgal（2008）指出，如果零售商忽略消费者的策略购买行为，可能会遭受重大的损失。因此如何缓解消费者策略行为的影响，对零售商提高收益显得尤为重要。

航空公司同样面临策略乘客。例如，休闲乘客愿意牺牲时间上的灵活性，在价格更低时购买机票。Ovchinnikov 和 Milner（2005）统计，有一半以上的乘客会等到飞机起飞前以较低的价格购买特价机票。策略乘客等待降价的行为使得航空公司原有动态定价策略受到极大的挑战，如何在策略乘客存在的情况下设计机制调整原有定价体系，改变乘客购买行为，是航空公司面临的主要决策。但是，可以看到，现有易逝品的动态定价策略和应对机制应用于航空领域具有操作上的困难。首先，与时装、易腐食品等季节性易逝品不同，机票的服务交付期均在销售期末，因此库存展示机制不能用于航空公司的管理实践，因为这类机制本质上是通过让消费者体验产品或服务来获得提前购买的机会，但对于航空类易逝品，乘客体验服务的时间相同（在飞机起飞后）；此外，航空类易逝品产能往往固定，所以快速补货机制对航空客运机票销售并不适用，因为其本质是通过调整订购量使零售商获得更多更准确的市场需求信息，从而提高收益。因此，如何对策略乘客实施动态定价，并提出易于操作的缓解机制，对航空公司提高收益具有显著的意义。

因此，本书针对策略乘客延迟购买机票的行为，从需求不确定、竞争、异质乘客类型等三个方面建立考虑策略乘客行为的航空客运动态定价模型，从不同市场条件的角度分析航空企业面对策略乘客时的动态定价策略；同时从航空企业的决策变量（机票价格）和乘客的决策变量（购买时间）的相互关系出发，提出适合航空公司实践的应对机制，为航空公司实施有效的收益管理提供理论依据。

1.2 消费者策略行为下的动态定价策略研究现状评述

关于动态定价的研究已有一些文献从不同角度进行了综述。例如，Bitran 和 Caldentey（2003）对收益管理中的定价模型进行了综述，并指出了未来可能的研究方向；Elmaghraby 和 Keskinocak（2003）在更广的范围对考虑库存的动态定价研究进行了综述，并根据可补货/不可补货（R/NR）、需求是否随时间变化（D/I）以及消费者是策略的还是短视的（M/S）将现有文献分成两大类；罗利和萧柏春（2004）对国内收益管理的研究和应用现状进行了综述，但对动态定价在国内的研究情况较少提及；Heching 和 Leung（2005）对电子商务时代出现的产品定价研究进行了评述；李根道等（2010）综述了近年来基于收益管理的动态定价研究，并指出模型不确定与竞争环境是今后的主要研究方向。

本书的研究内容主要集中在消费者策略行为下的动态定价策略及航空公司的应对机制方面。按照新古典经济学和边际效用理论的有关假定，消费者策略行为是指消费者是完全理性的，在不对称信息的条件下，参与和产品销售商的动态博弈，在决策过程中收集价格以及剩余产品数量的相关信息，基于对未来价格和获得产品的概率等信息的判断，按照边际效用最大化和消费者个人利益最大化的原则，动态地选择购买时机，优化多阶段的购买决策。目前已有部分动态定价文献考虑了消费者策略行为，并在此基础上分析了厂商的最优决策。综合起来，该部分文献大致可以分为两类：第一，考虑消费者策略行为的动态定价；第二，针对消费者策略行为的应对机制。

1.2.1 考虑消费者策略行为的动态定价

该类文献主要侧重点在于刻画消费者策略行为影响厂商价格体系和收益的程度，通常分析消费者策略行为下厂商价格序列的变化。

（1）零售商与策略消费者之间的价格预期均衡。Coase（1972）最早开始研究耐用品中的消费者策略行为。文章认为即使是一个垄断的厂商，在面临策略消费者等待行为时，也不得不按边际成本定价，从而获得零利润。Narasimhan（1989）将新产品的扩散效应用购买新产品的人数来刻画，而该人数与当前的累计销量有关。文章研究了在上述消费者策略行为下的新产品定价问题。研究表明，虽然新产品具有很高的期望估值，但面对策略消费者时，其定价呈直线下降的趋势。曹洪和周江（2004）从社会福利的角度分析了考虑消费者策略行为的易逝性产品定价策略。Zhou 等（2005）基于易腐蚀性产品的价格动态性，讨论了策略性消费者的购买时机，得到关于最优购买时机的价格微分方程。Su（2007）将消费者划分为四种类型：高价值的策略型消费者、低价值的策略型消费者、高价值的非策略型消费者和低价值的非策略型消费者。文章讨论了消费者策略行为对厂商定价的影响。研究表明，当这些消费者类型的构成比例不同时，会明显对厂商的定价策略产生影响。类似的研究还有 Cachon 和 Kok（2007）、Chen 等（2011）。

由于零售商决策（动态定价）与消费者策略行为的相互影响，以上文献都涉及零售商与策略消费者之间的理性预期均衡（rational expectations equilibrium，REE）。

（2）消费者策略行为下零售商的动态定价问题。Bensako 和 Winston（1990）首次在动态定价的研究中考虑消费者的策略行为，文章研究了制定不同价格的垄断厂商和选择购买时机的策略消费者之间的博弈，通过引入折扣因子，求得厂商和策略消费者的完美子博弈纳什均衡。结果显示厂商将消费者的策略行为考虑到定价的过程中，比忽视这种行为收益增加 20%左右。Biglaiser 和 Vettas（2004）研究了两周期面对策略消费者时的厂商动态定价问题，结果显示，在供大于求的情况下零售商与顾客间只存在混合策略均衡，在供小于求的情况下零售商与消费者间既存在纯策略均衡，也存在混合策略均衡。Aviv 和 Pazgal（2008）假定购买易逝品的消费者具有策略行为，而零售商在销售过程中只有一个降价时点。文章将顾客的估价假设为关于时间的确定性函数，顾客根据厂商不同时期的定价比较自身的效用，从而确定自己的最优购买时机。文章证明两种策略（固定折扣和临时折扣）的最优定价都是阈值策略。Elmaghraby 等（2008）将上述研究扩展到有限次降价，但研究结果表明只降一次价对零售商来说是最优的。Peng 和 Xiong（2008）指出消费者的策略行为影响了服务提供商的动态定价策略，并且在临近服务交付期可以凭借低端消费者取消服务再销售获得更多的收益。官振中和史本山（2007）在有替代关系的产品面临缺货的情况下，应用多项 logit 选择模型研究了考虑消费者的策略选择行为下零售商的最优订购量和最优定价联合策略。Levin 和 McGill（2009a）假设潜在消费者总数是已知的，通过考虑两类消费者选择——明确选择（specific，只选择某一种产品）和多种选择（multiple，即等可能地选择多个产品中的一个），研究了消费者策略行为下的多周期动态定价问题。文章利用随机消费者选择行为来描述策略消费者，将问题构造为一个多领导者多跟随者的 Stacklberg 动态博弈问题，证明了马尔可夫完美均衡的存在性和唯一性。最后用数值分析说明在考虑消费者策略行为时，两种选择模型得出的均衡结果差别不大，并且消费者策略行为对均衡收益影响很大，忽略消费者策略行为的企业会面临很大损失。之后他们将此分析推广到多个企业竞争的情况。毕功兵等（2013）针对消费者策略行为，在单个厂商销售两种可替代产品的情况下，分析了不同消费者剩余下的消费者购买策略以及厂商的最优定价策略，同时发现，消费者的策略行为会减少厂商通过动态定价获得的额外收益。Briceño 等（2016）通过建立垄断厂商与策略顾客之间的两周期博弈，发现厂商采用动态定价策略获得的收益高于固定价格策略，且额外收益与厂商的耐心有关。Papanastasiou 和 Savva（2016）分析了需求学习对厂商和策略顾客的影响，指出面对策略消费者时厂商应采用动态定价策略。

这类文献往往以价格为决策变量，研究在消费者策略行为下，在任意时刻零售商应采取什么价格才能使收益达到最大，即考虑消费者策略行为的动态定价问题。

（3）乘客策略行为下航空公司的动态定价问题。航空公司收益管理中也开始探讨关于乘客策略行为的动态定价策略。Anderson 和 Wilson（2003）考虑了乘客等待至最后时刻或者在航空公司重新开放低价舱位时购买机票的行为对收益管理带来的巨大影响，指出应该将乘客的策略行为考虑到收益管理的动态定价决策之中。彭庆和李豪（2011）研究了航空公司在面临策略乘客时的动态定价与舱位控制机制，并通过构建多周期随机优化模型，探讨了航空公司开放舱位的充要条件及航空公司最优价格所满足的关系式。

1.2.2　针对消费者策略行为的应对机制

考虑消费者策略行为的研究表明，忽略消费者的等待将会导致零售商的收益遭受巨大的损失，因此如何采取恰当的应对机制来缓解甚至消除其影响，无论在理论还是实践上都有重要的意义。近年来，管理科学的一个新兴分支——行为运营管理受到研究者的关注，该研究领域主要是在经典的运营管理决策范畴中考虑消费者行为，从而使得运营管理的优化决策更加实用和符合现实，并且还要探讨如何应对消费者行为的影响。在本书中考虑策略乘客的动态定价和应对机制，就是在建模时考虑乘客的策略行为，研究基于策略乘客的动态定价问题，并引入适当的销售机制来缓解策略乘客对航空公司收益的影响。

针对消费者策略行为的应对机制，其手段是通过给消费者“信号”，引导消费者改变原有的价格预期，在高价时购买产品。常见的方式有限制供给数量创造稀缺性、降低销售期初的价格、差价补偿、快速补货等。这类文献往往假设价格是外生变量，提出缓解消费者策略行为的机制，比较缓解机制下的收益与传统决策方式的收益。但是由于计算和处理上的困难，这类文献往往假设只有两个销售周期，且研究集中在库存和价格机制两个方面。

（1）库存角度下的应对机制。Liu 和 van Ryzin（2008）将销售分为两个阶段，在需求确定和价格给定的情形下，考虑了如何通过适当的库存数量，缓解消费者的等待行为。Cachon 和 Swinney（2009）指出快速补货可以减少期初订购量并缓解消费者策略行为。Atasu 等（2008）基于高科技易逝品再制造的实际背景和动态定价时的消费者策略行为，把再制造作为一种柔性补货机制（flexible replenishment mechanism），引导消费者提前购买以缓解策略行为的影响并提高零售商的收益。Yin 等（2009）假设零售商采用展示全部商品（display all，DA）和展示一个商品（display one，DO）时消费者对产品的信息不同，研究了库存展示机制下面向策略消费者时的零售商动态定价问题。研究结果表明 DO 策略可以创造潜在的产品稀缺性，此时零售商的收益优于 DA 策略。然而 Vincent（2008）研究了类似的库存展示问题，却得出了相反的结论，该文献指出了与 Yin 等（2009）的区别之处，一是消费者在期初到达市场，二是不提前宣布季末处理价，以解释两文结论的差异和联系。Du 等（2015）考虑策略顾客风险偏好及其估值随时间递减时，研究了厂商单周期联合库存和定价问题。研究表明限量供应能够有效地减少顾客策略行为给厂商带来的利润损失。

（2）价格机制下的应对机制。Su 和 Zhang（2008）在报童模型的基础上，研究了策略消费者等待行为对零售商收益的影响，并引用价格承诺和库存承诺两种机制来缓解消费者策略行为的影响。刘晓峰（2008）通过设计一个返还的合同作为厂商面对可能延迟购买的消费者时的应对机制，表明厂商无法通过动态定价策略对高保留价格的消费者实现完全的价格歧视，但可以通过一个返还的合同设计最大限度地获得这些高保留价格消费者的消费者剩余。Lai 等（2006）指出差价补偿可以引导消费者提前购买，但市场竞争使零售商丧失定价能力，限制了差价补偿的实行。Lai 等（2009）研究了基于消费者策略行为的易逝品降价问题，并引入差价补偿机制缓解策略消费者的影响。彭志强等

(2010)假设市场中同时存在策略和短视消费者，分析了零售商考虑策略消费者的动态定价，以及差价补偿机制对零售商定价和收益的影响。研究表明策略消费者延迟购买影响了零售商的定价决策并使得收益减少，而差价补偿机制可以消除策略消费者的延迟购买行为，提高零售商的收益。Liu 和 Zhang（2013）在竞争环境下研究了消费者等待降价的行为对零售商的影响，研究表明在竞争环境下消费者的策略行为同样减少了零售商的收益，但是可以通过双方价格承诺机制缓解其影响。Cachon 等（2015）研究发现在垄断环境下面对策略顾客时，相对静止的价格承诺策略在一定条件下优于频繁变价的动态定价策略。

（3）航空公司应对机制。如前所述，现有的应对机制应用于航空领域具有操作上的困难，因此也有文献单独研究乘客策略行为下航空公司的应对机制。Su（2011）研究了退票机制下考虑策略消费者的服务提供商动态定价问题。文章通过建立一个基于消费者价值评价不确定的两周期动态定价模型，对比了是否实行退票机制时服务提供商的期望收益。研究结果表明，当提前销售期的销售量足够大时，即使现场销售期高端消费者的比例较低，为消费者退票给予返款并再销售可以提高服务提供商的收益。文章还指出，在合适的假定下，退票机制可以应用到航空类易逝品的管理实践中。类似的研究者还有钟宁和田澎（2007）。Jerath 等（2010）引入模糊销售机制缓解收益管理中消费者策略行为的影响。文章比较了航空公司收益管理中最后一分钟折扣机制和通过模糊中介商销售季末机票机制的收益，研究表明采用模糊销售机制时航空公司的收益较大，并且当需求量越大时对收益的提升值越大。朱金福等（2006）引入航空客运舱位订座柔性控制机制——可召回制度来缓解策略乘客的影响，推导了高需求下可召回时补偿和召回前补偿的期望收益增量公式，以及低需求下召回前补偿的收益增量公式。结果表明实施可召回制度能为航空公司增加收益。周正勇和林志炳（2014）以单个生产商、单个销售商与短视顾客和策略型顾客并存组成的供应链为研究对象，建立了剩余产品清货下生产商向销售商提供清货补贴进行补偿的模型，发现存在消费者的产品匹配风险时，销售商的差价补偿行为无法完全缓解顾客的等待行为。

1.3 文献简评

从以上文献和研究的梳理与回顾来看，学者对于易逝品动态定价策略研究取得了一定的成果，并开始关注策略消费者对动态定价以及厂商收益的影响，针对消费者策略行为的应对机制也引入限制供给数量创造稀缺性、降低销售期初的价格、差价补偿等方式。但是，从现有研究来看，有关消费者策略行为的动态定价和应对机制的研究还存在一些有待完善的领域，具体如下。

（1）现有文献主要从考虑消费者策略行为的动态定价和针对消费者策略行为的应对机制两个方面研究顾客策略行为对决策者价格和期望收益的影响。由于侧重点不同，将两者结合的研究很少。

（2）现有航空客运动态定价的文献大多忽略了乘客策略行为的影响，考虑了乘客策略行为的文献假设只有一个航空公司，航空公司和乘客具有完全信息，且市场上只存在策略乘客，忽视了需求不确定、竞争和异质购买行为等市场影响因素，且没有在这些市场环境下研究适合航空企业管理实践的应对机制。

（3）目前仅有零星的文献开始研究如何缓解消费者策略行为，研究的角度也比较多元化。虽然 Su（2011）、Jerath 等（2010）等文献考虑了航空公司面对策略乘客的应对机制问题，但设定的模型往往比实际情况简单，这样虽然可能得出最优价格（或收益）的表达式，并能分析其中的管理启示，但却大大压缩了动态销售机票过程中所蕴含的重要决策信息。

综上所述，本书鉴于以上研究空白，从需求不确定、竞争、异质消费者类型等方面综合考虑面向策略乘客行为的航空客运动态定价和应对机制问题，为航空企业实施有效的收益管理、提高收益提供理论依据。

1.4 本书的主要内容

本书通过四个篇章从四个不同的视角展开对航空机票动态定价的研究，各篇的主题简要描述如下。

第一篇，基本模型。其中，第 2 章研究面向乘客策略行为的航空公司舱位控制与动态定价模型；第 3 章通过提出新的销售渠道——中介商销售机制来缓解乘客的策略购买行为，并从收益管理的角度论证该机制的有效性。

第二篇，竞争。首先在航空客运机票销售过程中引入模糊销售机制，并通过建立 Hotelling 模型，探讨了该机制下航空公司的定价策略，即本书的第 4 章。其次，引入价格承诺机制，即通过确定未来的降价幅度来分析消费者策略购买行为对航空公司收益的影响，即本书的第 5 章。

第三篇，需求不确定。其中第 6 章引入需求学习机制来缓解乘客的策略行为；第 7

章尝试将模糊销售机制引入航空客运机票销售过程，分析实行该机制对航空公司收益的影响。

第四篇，乘客异质购买行为。通过假定市场上同时存在短视和策略乘客且两类乘客的比例确定和未知，引入价格展示机制来缓解顾客策略行为，并分析了航空公司与乘客的均衡关系，即本书的第 8 章。

第一篇　基本模型

在收益管理动态定价中，消费者的购买行为是导致问题复杂的重要原因。随着经济的发展和信息技术的普及，顾客购买产品的行为更加多样化。在竞争的市场中越来越多的厂家意识到，如果对产品的定价不考虑顾客购买行为，不但会在经济上蒙受损失，而且会损害自身声誉，使自己在竞争中处于不利地位。本篇以策略乘客行为为研究对象，建立乘客具有策略等待行为下航空公司的基本动态定价模型，并引入舱位控制和中介商销售机制，分析策略行为对航空公司收益的影响和两种应对机制的有效性。

第 2 章　面向乘客策略行为的航空公司舱位控制与动态定价模型

航空公司在机票销售过程中的舱位控制是指航空公司如何确定座位控制数量，既满足低等级舱位需求，又实现高等级舱位的预订。本章将动态的控制舱位开放作为策略，研究乘客具有策略行为时航空公司舱位控制与动态定价问题。通过建立以舱位开放和价格变化为决策变量的多周期动态规划模型，讨论开放舱位和最优定价应满足的条件，并通过比较得出：实行动态舱位控制策略可缓解乘客策略行为对航空公司期望收益的影响。最后应用算例分析乘客策略程度对航空公司价格和期望收益的影响，同时发现：舱位控制不能完全消除乘客策略行为对期望收益的影响，但供应水平越高或乘客策略程度越大，其缓解策略行为的效果就越明显。

2.1　引　　言

近几年收益管理实践证明，策略顾客选择购买时机的行为使零售商未来的价格决策不确定，影响了其收益最大化决策。如何通过合理的策略设计来缓解该行为对零售商收益的影响显得尤为重要。现有研究提出了快速补货、库存展示、价格承诺以及差价补偿等缓解策略，对零售商收益的提高具有一定的效果。但是，上述策略应用于航空公司机票销售实践存在操作困难。例如，快速补货，本质上是调整订购量使得零售商获得更多更准确的市场需求信息，从而提高收益。但是航空公司由于飞机容量的原因，机票总数往往固定。在航空公司机票销售实践中，如何在传统动态定价下设计易于操作的策略来缓解乘客选择购买时机对收益的影响，是航空公司提高收益的有效保障。

目前关于策略顾客的研究大致分为两类：第一类主要研究顾客策略行为下零售商的动态定价策略（Aviv and Pazgal，2008；Levin and McGill，2009b）。第二类通过提出缓解策略，分析该策略下的价格并与传统动态定价决策方式的收益相比较，分析其有效性（Yin et al.，2009；Liu and Zhang，2013；Yan and Ke，2015）。这些策略应用于航空公司机票销售实践存在操作上的困难，并且由上述文献可知，已有涉及应对策略的研究往往假设只有两个销售周期。就作者所知，目前没有文献将舱位控制用于应对策略乘客。本章在乘客具有策略行为的假设下，在动态定价下引入舱位控制策略，研究在任意时刻航空公司是否开放舱位，以什么价格开放，同时分析该策略对航空公司期望收益的影响。

2.2 问题描述和假设

本书使用的主要符号和假设如下。

q：市场上的机票数量；

N：市场上乘客的总数量；

p_t：航空公司在周期$t(t=1,2,\cdots,m)$的定价；

u：乘客购买机票获得效用；

V：乘客保留价，即乘客对机票的最大支付意愿；

β：乘客未来购买机票效用的折现因子。当$\beta=0$时，表示乘客完全忽视未来购买，即乘客是短视的；$\beta=1$表示乘客未来购买和现在购买具有相同的效用，即乘客是完全策略的。Levin 和 McGill（2009b）、Kremer 等（2015）将β定义为乘客的策略程度。β越大，表明乘客策略程度越大。为了方便讨论，假设所有乘客的策略程度均相同。

本章模型描述如下。

单个航空公司提供某条航线的航班，需要销售数量为q的机票，销售周期为$[0,T]$，其中 0 表示机票销售开始，T表示飞机起飞，机票残值为 0。本章采用离散时间模型，将时间区间$[0,T]$划分为长度为 1 的小周期，每周期最多销售一张机票。假定机票价格只能从有限集合P中选取，定义$P=\{p_1,p_2,\cdots,p_m\}$，其中$p_1>p_2>\cdots>p_m$。航空公司通过决定是否开放舱位，以什么价格开放来实现收益最大化。

假定市场上乘客总数为N，到达率为$\bar{\lambda}$且每个乘客最多购买一张机票。乘客具有策略行为，当机票价格为p_l时（$p_l\in P$），基于当前购买效用与未来购买期望效用，决定现在或未来购买。乘客通过选择购买时机实现自身效用最大化。假定未购买机票的乘客人数为n，乘客估价V为服从某一分布的随机变量，用$F(V)$表示乘客保留价的累积分布函数。记$\bar{F}(V)=1-F(V)$。

为便于分析，本章其他符号约定如下。

$\lambda_i(t,n,p_l,V)$：t期当还有n个乘客未购票、机票价格为p_l时，乘客i购买机票的概率。在不引起混淆的情况下简记为λ_i，$i=1,2,\cdots,n$，$p_l\in P$。

$u(V-p_l)$：乘客在价格p_l下购买机票的效用函数，$p_l\in P$。

$U_i(t,n,p_l,V)$：t时刻开始到销售结束，乘客i的期望效用，简记为$U_i(t,n)$。

$\pi(t,n,p_l,V)$：t时刻开始到销售结束，航空公司的期望收益，简记为$\pi(t,n)$。

本章的研究基于如下假设。

假设 1　$q \leqslant N$。

根据定义，$q < N$ 表示供小于求，$q \geqslant N$ 表示供大于求。因为 $q \geqslant N$ 时，多余的机票对决策无影响，所以假设 $q \leqslant N$。

假设 2　不同乘客的保留价独立同分布。$F(V)$ 连续可微且严格递增，存在反函数 $\bar{F}^{-1}(\cdot)$。

假设 2 表明由于服务交付期在销售期末，乘客的保留价不存在折扣因子，而表现出不确定性。

假设 3　$u(V-p_l)$ 是关于变量 $V-p_l$ 的增函数，存在反函数 $u^{-1}(\cdot)$，$u(V-p_l) \geqslant 0$ 且 $u(0)=0$。对所有乘客，$u(V-p_l)$ 均相同，$p_l \in P$。

假设 3 表明在 V 一定的情况下，如果机票价格越低，乘客购买机票的效用就越高。

为了方便下面讨论，将舱位控制下的动态定价定义为 CS 策略，将不进行舱位控制下的动态定价定义为 NCS 策略。

2.3　CS 策略模型及其决策分析

2.3.1　乘客的期望效用

由于乘客具有策略行为，当市场上 n 个乘客未购票、机票价格为 p_l 时，乘客 i 的期望效用为

$$U_i(t,n) = \max_{\lambda_i} E_V \left\{ v\left[\lambda_i u(V-p_l) + \beta \sum_{1 \leqslant j \leqslant n}^{j \neq i} \lambda_j U_i(t+1,n-1) + \beta\left(1-\lambda_i - \sum_{1 \leqslant j \leqslant n}^{j \neq i} \lambda_j\right) U_i(t+1,n) \right] \right.$$
$$\left. + (1-v)\beta U_i(t+1,n) \right\}, \quad i=1,2,\cdots,n;\ p_l \in P \tag{2.1}$$

其中，v 取值为 0 和 1，且 $v=1$ 表示舱位开放，$v=0$ 表示舱位未开放；$\lambda_i u(V-p_l)$ 表示乘客 i 在价格 p_l 下购买机票的期望效用；$\beta \sum_{1 \leqslant j \leqslant n}^{j \neq i} \lambda_j U_i(t+1,n-1)$ 表示在 t 期乘客 i 未购买，乘客 j 购买时乘客 i 的期望效用；$\beta\left(1-\lambda_i - \sum_{1 \leqslant j \leqslant n}^{j \neq i} \lambda_j\right) U_i(t+1,n)$ 表示在 t 期没有乘客购买时乘客 i 的期望效用。

式（2.1）的边界条件为：

（1）$U(T,n)=0$，$\forall n$；

（2）$U(t,N-q)=0$，$\forall t$。

通过求解可得使$U_i(t,n)$最大的λ_i为：当$u(V-p_l)\geqslant U_i(t+1,n)$时，$\lambda_i=1$；当$u(V-p_l)<U_i(t+1,n)$时，$\lambda_i=0$。合并可得最优的$\lambda_i$为

$$E_V[\lambda_i(t,n,p_l,V)]=E_V\{I[u(V-p_l)\geqslant \beta U_i(t+1,n)]\} \tag{2.2}$$

其中，$I(\cdot)$为指示函数。

式（2.2）的经济意义为在任意的t期，只有当购买了机票的效用大于未来购买的期望效用时，到达市场的乘客才会立即购买。反之，乘客选择等待。对于$U_i(t,n)$，有以下引理成立。

引理 2.1 给定t、n和p_l，未购买机票的乘客期望效用相同，即对于任意未购买机票的乘客i和j，有$U_i(t,n)=U_j(t,n)$（$i,j=1,2,\cdots,n$，且$i\neq j$，$p_l\in P$）。

证明 采用数学归纳法。在T期，$U_i(T,n)=U_j(T,n)=0$。在$T-1$期，当机票价格为p_l时，有

$$U_i(T-1,n)=\max_{\lambda_i}E_V\{\lambda_i u(V-p_l)\},\quad U_j(T-1,n)=\max_{\lambda_j}E_V\{\lambda_j u(V-p_l)\}$$

所以有$U_i(T-1,n)=U_j(T-1,n)$。假设对于任意的n，在$k=t+1,\cdots,T-1$期，有$U_i(k,n)=U_j(k,n)$成立。在t期：

$$\begin{aligned}U_i(t,n)&=\max_{\lambda_i}E_V\left\{v\left[\lambda_i u(V-p_l)+\beta\sum_{1\leqslant j\leqslant n}^{j\neq i}\lambda_j U_i(t+1,n-1)+\beta\left(1-\lambda_i-\sum_{1\leqslant j\leqslant n}^{j\neq i}\lambda_j\right)U_i(t+1,n)\right]\right.\\&\quad\left.+(1-v)\beta U_i(t+1,n)\right\}\\&=\max_{\lambda_i}E_V\left\{v\left[\lambda_i u(V-p_l)+\beta\sum_{1\leqslant j\leqslant n}^{j\neq i}\lambda_j U_j(t+1,n-1)+\beta\left(1-\lambda_i-\sum_{1\leqslant j\leqslant n}^{j\neq i}\lambda_j\right)U_j(t+1,n)\right]\right.\\&\quad\left.+(1-v)\beta U_j(t+1,n)\right\}\end{aligned} \tag{2.3}$$

由于假设在$t+1$期，$U_i(t+1,n)=U_j(t+1,n)$成立，所以由式（2.2）可得$E_V[\lambda_i(t,n,p_l,V)]=E_V[\lambda_j(t,n,p_l,V)]$，那么式（2.3）可写为

$$\begin{aligned}U_i(t,n)&=\max_{\lambda_j}E_V\left\{v\left[\lambda_j u(V-p_l)+\beta\sum_{1\leqslant i\leqslant n}^{j\neq i}\lambda_i U_j(t+1,n-1)+\beta\left(1-\lambda_j-\sum_{1\leqslant i\leqslant n}^{j\neq i}\lambda_i\right)U_j(t+1,n)\right]\right.\\&\quad\left.+(1-v)\beta U_j(t+1,n)\right\}\\&=U_j(t,n)\end{aligned}$$

证毕。

由引理 2.1 可得，给定 t 和 n，对任意的 i 和 j 有 $E_V[\lambda_i(t,n,p_l,V)] = E_V[\lambda_j(t,n,p_l,V)]$，表明所有乘客购买机票的概率均相同。令

$$U(t,n) = U_i(t,n) = U_j(t,n)$$

$$\lambda(t,n,p_l,V) = \lambda_i(t,n,p_l,V) = \lambda_j(t,n,p_l,V) \text{（简记为 } \lambda \text{）}$$

那么式（2.1）可变为

$$U(t,n) = \max_{\lambda} E_V\{v[\lambda u(V-p_l) + \beta(n-1)\lambda U(t+1,n-1) + \beta(1-n\lambda)U(t+1,n)] + (1-v)\beta U(t+1,n)\} \tag{2.4}$$

根据以上分析可得任意一期 t，当机票价格为 p_l 时（$p_l \in P$），有

$$\begin{aligned} E_V[\lambda(t,n,p_l,V)] &= E_V(I\{V \geqslant p_l + u^{-1}[\beta U(t+1,n)]\}) \\ &= 1 - F\{p_l + u^{-1}[\beta U(t+1,n)]\} \\ &= \bar{F}\{p_l + u^{-1}[\beta U(t+1,n)]\} \end{aligned}$$

由此可知，在其他参数不变的情况下，乘客购买概率随价格 p_l、策略程度 β 的增加而减少。令 $\omega(t,n,p_l) = \bar{F}\{p_l + u^{-1}[\beta U(t+1,n)]\}$，简记为 ω。

2.3.2　航空公司的期望收益

在任意时刻 t，航空公司通过开放舱位和动态定价实现收益最大化。如果航空公司开放舱位并提供价格 p_l，当乘客到达市场且立即购买机票时，航空公司的期望收益为 $n\bar{\lambda}\omega[p_l + \pi(t+1,n-1)]$；当乘客到达市场选择在市场上等待，航空公司的期望收益为 $n\bar{\lambda}(1-\omega)\pi(t+1,n)$；当无乘客到达市场，航空公司的期望收益为 $(1-n\bar{\lambda})\pi(t+1,n)$。如果航空公司关闭舱位，其收益为 $\pi(t+1,n)$。综上可得航空公司的期望收益为

$$\pi(t,n) = \max\left(n\bar{\lambda}\max_{p_l \in P}\{\omega[p_l + \pi(t+1,n-1)] + (1-\omega)\pi(t+1,n)\} + (1-n\bar{\lambda})\pi(t+1,n), \pi(t+1,n)\right) \tag{2.5}$$

式（2.5）的边界条件为：

（1）$\pi(T,n) = 0$，$\forall n$；

（2）$\pi(t,N-Y) = 0$，$\forall t$。

为了方便讨论，可将式（2.5）简化为

$$\pi(t,n) = \max_{p_l \in P}\{n\bar{\lambda}\omega[p_l + \pi(t+1,n-1) - \pi(t+1,n)]^+\} + \pi(t+1,n) \tag{2.6}$$

其中，$[\cdot]^+$ 表示 $\max\{\cdot,0\}$。

2.3.3 CS 策略下航空公司决策分析

首先讨论航空公司舱位开放的条件，有如下定理成立。

定理 2.1 在任意时刻t，航空公司开放舱位的充要条件为$p_1 \geqslant \pi(t+1,n)-\pi(t+1,n-1)$。其中，$p_1$为集合$P$中的最大值。

证明 如果$p_1-[\pi(t+1,n)-\pi(t+1,n-1)] \geqslant 0$，表明价格集合中至少有一个价格大于$\pi(t+1,n)-\pi(t+1,n-1)$，那么由式（2.6）得

$$[p_1+\pi(t+1,n-1)-\pi(t+1,n)]^+ > 0$$

证毕。

定理 2.1 表明航空公司在销售机票获得的收益大于未来销售的期望收益时，才会开放舱位。对航空公司最优价格选择，有定理 2.2 成立。

定理 2.2 航空公司开放舱位的条件下，给定t和n，$p_l^* \in P$是最优的当且仅当：

$p_l^* < p_j$时

$$\frac{\omega(t,n,p_l^*)p_l^*-\omega(t,n,p_j)p_j}{\omega(t,n,p_l^*)-\omega(t,n,p_j)} < \pi(t+1,n-1)-\pi(t+1,n) \tag{2.7}$$

$p_l^* > p_j$时

$$\frac{\omega(t,n,p_l^*)p_l^*-\omega(t,n,p_j)p_j}{\omega(t,n,p_l^*)-\omega(t,n,p_j)} > \pi(t+1,n-1)-\pi(t+1,n) \tag{2.8}$$

$p_l^*, p_j \in P$，且$p_l^* \neq p_j$。

证明 假定最优价格为p_l^*，那么有

$$\pi(t,n)=\pi(t+1,n)+n\bar{\lambda}\omega(t,n,p_l^*)[p_l^*+\pi(t+1,n-1)-\pi(t+1,n)]$$

对于任意的$p_j \in P$，$p_l^* \neq p_j$，有

$$\begin{aligned}\pi(t,n)&=\pi(t+1,n)+n\bar{\lambda}\omega(t,n,p_l^*)[p_l^*+\pi(t+1,n-1)-\pi(t+1,n)]\\&\geqslant \pi(t+1,n)+n\bar{\lambda}\omega(t,n,p_j)[p_j+\pi(t+1,n-1)-\pi(t+1,n)]\end{aligned}$$

所以

$$n\bar{\lambda}\omega(t,n,p_l^*)[p_l^*+\pi(t+1,n-1)-\pi(t+1,n)] \geqslant n\bar{\lambda}\omega(t,n,p_j)[p_j+\pi(t+1,n-1)-\pi(t+1,n)]$$

由$\omega(t,n,p_l^*)$和p_l^*的关系可得结论。反之，如果价格满足关系式（2.7）和式（2.8），上述过程逆推可得p_l^*的最优性。

证毕。

定理 2.2 给出了最优价格满足的关系，可根据式（2.7）和式（2.8）在可行价格集合中搜索最优价格。

2.4 收益的比较分析

本节主要将 CS 和 NCS 策略下航空公司期望收益相比较，分析 CS 策略的有效性。用上标“～”表示 NCS 策略下的参数和决策变量，假定其他参数不变，航空公司采用 NCS 策略面临的需求为

$$n\bar{\lambda}\tilde{\omega}(t,n,p)=n\bar{\lambda}\bar{F}\{p+u^{-1}[\beta\tilde{U}(t+1,n)]\}$$

乘客的期望效用为

$$\tilde{U}(t,n)=\max_{\tilde{\omega}}E_V(\tilde{\omega}u\{V-\bar{F}^{-1}(\tilde{\omega})+u^{-1}[\beta\tilde{U}(t+1,n)]\}+\beta(n-1)\tilde{\omega}\tilde{U}(t+1,n-1)$$
$$+\beta(1-n\tilde{\omega})\tilde{U}(t+1,n))\tag{2.9}$$

其中，$p=\bar{F}^{-1}(\tilde{\omega})-u^{-1}[\beta\tilde{U}(t+1,n)]$。

航空公司的期望收益为

$$\tilde{\pi}(t,n)=\max_{p_l\in P}\{\tilde{\omega}(t,n,p_l)[p_l+\tilde{\pi}(t+1,n-1)-\tilde{\pi}(t+1,n)]\}+\tilde{\pi}(t+1,n)\tag{2.10}$$

由 $\tilde{U}(t,n)$ 的定义直接可得引理 2.2。

引理 2.2　对于任意的 n，$\tilde{U}(t,n)\geqslant\tilde{U}(t+1,n)$。

证明　采用数学归纳法。在 $T-1$ 期，因为 $\tilde{U}(T,n)=0$，而

$$\tilde{U}(T-1,n)=\max_{\tilde{\omega}}E_V\{\tilde{\omega}u[V-\bar{F}^{-1}(\tilde{\omega})]\}$$

所以有 $\tilde{U}(T-1,n)\geqslant\tilde{U}(T,n)$。假设对于任意的 n，在 $k=t+1,\cdots,T-1$ 期，有 $\tilde{U}(k,n)\geqslant\tilde{U}(k+1,n)$ 成立。在 t 期：

$$\tilde{U}(t,n)=\max_{\tilde{\omega}}E_V(\tilde{\omega}u\{V-\bar{F}^{-1}(\tilde{\omega})+u^{-1}[\beta\tilde{U}(t+1,n)]\}+\beta(n-1)\tilde{\omega}\tilde{U}(t+1,n-1)+\beta(1-n\tilde{\omega})\tilde{U}(t+1,n))$$
$$\geqslant\max_{\tilde{\omega}}E_V(\tilde{\omega}u\{V-\bar{F}^{-1}(\tilde{\omega})+u^{-1}[\beta\tilde{U}(t+2,n)]\}+\beta(n-1)\tilde{\omega}\tilde{U}(t+2,n-1)$$
$$+\beta(1-n\tilde{\omega})\tilde{U}(t+2,n))$$
$$=\tilde{U}(t+1,n)$$

其中，不等式假设在 $k=t+1,\cdots,T-1$ 期，$\tilde{U}(k,n)\geqslant\tilde{U}(k+1,n)$。所以有 $\tilde{U}(t,n)\geqslant\tilde{U}(t+1,n)$。

证毕。

引理 2.2 表明航空公司采用 NCS 策略下，乘客的期望效用随销售时间的增加而减小。下面比较两种策略下乘客的期望效用。

定理 2.3　对于任意的 t 和 n，$\tilde{U}(t,n) \geqslant U(t,n)$。

证明　由于 $\pi(T,n)-\pi(T,n-1)=0$，$\forall n>0$，由定理 2.1 可得在 $T-1$ 期，航空公司将开放舱位。而 $U(T,n-1)$ 和 $U(T,n)$ 均为 0，此时

$$U(T-1,n)=\max_{\omega} E_V\{\omega u[V-\bar{F}^{-1}(\omega)]\}=\max_{\tilde{\omega}} E_V\{\tilde{\omega} u[V-\bar{F}^{-1}(\tilde{\omega})]\}$$
$$=\tilde{U}(T-1,n)$$

假设在任意的 $k=t+1,\cdots,T-1$ 期，有 $U(k,n)\leqslant \tilde{U}(k,n)$ 成立，在 t 期：

$$\begin{aligned}U(t,n)=&\max_{\omega} E_V[v(\omega u\{V-\bar{F}^{-1}(\omega)+u^{-1}[\beta U(t+1,n)]\}+\beta(n-1)\omega U(t+1,n-1)\\&+\beta(1-n\omega)\ U(t+1,n))+(1-v)\beta U(t+1,n)]\\\leqslant&\max_{\omega} E_V[v(\omega u\{V-\bar{F}^{-1}(\omega)+u^{-1}[\beta\tilde{U}(t+1,n)]\}+\beta(n-1)\omega\tilde{U}(t+1,n-1)\\&+\beta(1-n\omega)\ \tilde{U}(t+1,n))+(1-v)\beta\tilde{U}(t+1,n)]\\=&\max_{\tilde{\omega}} E_V[v(\tilde{\omega} u\{V-\bar{F}^{-1}(\tilde{\omega})+u^{-1}[\beta\tilde{U}(t+1,n)]\}+\beta(n-1)\tilde{\omega}\tilde{U}(t+1,n-1)\\&+\beta(1-n\tilde{\omega})\tilde{U}(t+1,n))+(1-v)\beta\tilde{U}(t+1,n)]\\\leqslant& v\tilde{U}(t,n)+(1-v)\tilde{U}(t,n)\\=&\tilde{U}(t,n)\end{aligned}$$

其中，第一个不等式假设在任意的 $k=t+1,\cdots,T-1$ 期，有 $U(k,n)\leqslant\tilde{U}(k,n)$ 成立；第二个不等式根据引理 2.2，在 t 期有 $\tilde{U}(t,n)\geqslant\tilde{U}(t+1,n)$，进而 $\tilde{U}(t,n)\geqslant\beta\tilde{U}(t+1,n)$。

证毕。

定理 2.3 的结论表明，相对于 NCS 策略，在 CS 策略下航空公司通过舱位控制使乘客的期望效用减少。有了以上分析，通过比较 $\pi(t,n)$ 和 $\tilde{\pi}(t,n)$ 有以下结论成立。

定理 2.4　对于任意的 t 和 n，$\tilde{\pi}(t,n)\leqslant\pi(t,n)$。

证明　在 $T-1$ 期：

$$\pi(T-1,n)=\max_{p_i\in P}\{n\lambda F(p_i)p_i\}=\tilde{\pi}(T-1,n)$$

假设在任意的 $k=t+1,\cdots,T-1$ 期，有 $\pi(k,n)\geqslant\tilde{\pi}(k,n)$ 成立，在 t 期：

$$\begin{aligned}\pi(t,n)=&\max_{p_l\in P}(n\lambda\bar{F}\{p_l+u^{-1}[\beta U(t+1,n)]\}\max[p_l+\pi(t+1,n-1),\pi(t+1,n)])\\&+(1-n\lambda\bar{F}\{p_l+u^{-1}[\beta U(t+1,n)]\})\pi(t+1,n)\\\geqslant&\max_{p_l\in P}(n\lambda\bar{F}\{p_l+u^{-1}[\beta U(t+1,n)]\}\max[p_l+\tilde{\pi}(t+1,n-1),\tilde{\pi}(t+1,n)])\\&+(1-n\lambda\bar{F}\{p_l+u^{-1}[\beta U(t+1,n)]\})\tilde{\pi}(t+1,n)\end{aligned}$$

$$
\begin{aligned}
&= \max_{p_l \in P}(n\bar{\lambda}\bar{F}\{p_l + u^{-1}[\beta U(t+1,n)]\}[p_l + \tilde{\pi}(t+1,n-1) - \tilde{\pi}(t+1,n)]^+) + \tilde{\pi}(t+1,n) \\
&\geqslant \max_{p_l \in P}(n\bar{\lambda}\bar{F}\{p_l + u^{-1}[\beta U(t+1,n)]\}[p_l + \tilde{\pi}(t+1,n-1) - \tilde{\pi}(t+1,n)]) + \tilde{\pi}(t+1,n) \\
&\geqslant \max_{p_l \in P}(n\bar{\lambda}\bar{F}\{p_l + u^{-1}[\beta \tilde{U}(t+1,n)]\}[p_l + \tilde{\pi}(t+1,n-1) - \tilde{\pi}(t+1,n)]) + \tilde{\pi}(t+1,n) \\
&= \tilde{\pi}(t,n)
\end{aligned}
$$

其中，第一个不等式假设在任意的 $k = t+1,\cdots,T-1$ 期，$\pi(k,n) \geqslant \tilde{\pi}(k,n)$ 成立；第二个不等式假设 $[p_l + \tilde{\pi}(k+1,n-1) - \tilde{\pi}(k+1,n)]^+ \geqslant p_l + \tilde{\pi}(k+1,n-1) - \tilde{\pi}(k+1,n)$；第三个不等式根据定理 2.3，在任意一期，$U(t,n) \leqslant \tilde{U}(t,n)$，所以 $\bar{F}\{p_l + u^{-1}[\beta U(t+1,n)]\} \geqslant \bar{F}\{p_l + u^{-1}[\beta \tilde{U}(t+1,n)]\}$。

证毕。

通过定理 2.4 可以发现，面对策略乘客时，引入舱位控制后，航空公司的期望收益将增加。这说明实行舱位控制可以缓解乘客策略行为对航空公司期望收益的影响。

在乘客具有策略行为时，航空公司实行舱位控制策略的实质是通过关闭舱位，使乘客延后购买，让乘客觉得等待没有意义。因为关闭舱位使得销售周期相对减少，所以供大于求和供小于求下均可能使机票产生配给。对乘客来说，配给造成了购买时间的稀缺（意味着有可能购买不到机票），改变了预期的估计，不得不增加到达市场后购买机票的意愿，所以乘客的期望效用减少 $[U(t,n) \leqslant \tilde{U}(t,n)]$。对航空公司来说，乘客到达后购买意愿的增加有助于在销售机票过程中降低不确定性，从而提高期望收益 $[\pi(t,n) \geqslant \tilde{\pi}(t,n)]$。

2.5　算 例 分 析

本节通过数值模拟来分析 CS 策略下最优价格的性质及 CS 策略的有效性。基本参数假设如下。$T = 1000$；对机票价格进行归一化处理，假设 $P = \{1, 0.8, 0.6, 0.4\}$，其中，$p_1 = 1$，$p_2 = 0.8$，$p_3 = 0.6$，$p_4 = 0.4$；$N = 100$，且 $\bar{\lambda} = 0.0001$。乘客的保留价分布为静态的指数函数 $F(V) = \mathrm{e}^{-V/\mu}$，其中，$\mu$ 表示乘客意愿支付航空公司的平均价格，假设 $\mu = 0.6$。令 $u(V-p) = V - p$。定义 $Z_n^{p_i,p_j}$ 为最优价格的时间阈值，表示当 n 个乘客未购买机票时，最优价格由 p_i 转换到 p_j 的临界时间，$p_i, p_j \in P$，且 $p_i \neq p_j$。利用模型的求解方法，运用 MATLAB2015a 编程，得到的结果如下。

2.5.1　CS 策略下的最优时间阈值

首先，假设 $\beta = 1$，$q = 50$，在不同 n 取值下可得最优时间阈值如表 2.1 所示（$n \geqslant 50$，因为已销售的机票数不能大于航空公司的机票数）。

表 2.1　$\beta=1$ 时的最优时间阈值

n	55	60	65	70	75	80	85	90	95	100
$Z_n^{p_1,p_2}$	307	290	274	260	248	236	229	220	217	215
$Z_n^{p_2,p_3}$	533	523	507	490	476	454	443	436	433	430
$Z_n^{p_3,p_4}$	879	865	843	831	817	803	794	783	779	776

从表中可以看到，n 越大，$Z_n^{p_i,p_j}$ 越小，表明未购买机票的乘客人数越多，航空公司应更早采用低价。因为 n 越大表明相对供大于求，航空公司必须提前降价以增加乘客的购买愿意，减少未来剩余大量机票的风险。

假设 $n=100$，$q=50$。在不同 β 取值下可得最优时间阈值如表 2.2 所示。

表 2.2　$n=100$ 时的最优时间阈值

β	0	0.1	0.2	0.3	0.4	0.5	0.6	0.7	0.8	0.9	1.0
$Z_{100}^{p_1,p_2}$	268	257	248	340	233	227	222	218	215	213	210
$Z_{100}^{p_2,p_3}$	481	471	462	454	447	441	436	432	429	427	425
$Z_{100}^{p_3,p_4}$	826	816	807	799	792	786	781	777	774	772	771

从表中可以看到，如果 β 越大，航空公司应更早采用低价。因为 β 越大表明乘客未来购买机票的期望效用越大，相对更愿意等待至未来购买，使航空公司未来降价失去了意义。故必须提前降价，以期更早卖出机票。

2.5.2　最优时间阈值和期望收益的比较

为了更好地分析 CS 策略的有效性，将 CS 策略的收益与其他两种情况进行比较，定义如下。

情况 A：乘客不具有策略行为，航空公司采用动态定价。

情况 B：乘客具有策略行为，航空公司同时进行舱位控制和动态定价决策（即 CS 策略）。

情况 C：乘客具有策略行为，航空公司不采用舱位控制，只对机票进行动态定价（即 NCS 策略）。

在情况 A 下，航空公司的期望收益为

$$\pi'(t,n)=\max_{p_i\in P}\{n\overline{\lambda}\overline{F}(p_i)[p_i+\pi'(t+1,n-1)-\pi'(t+1,n)]\}+\pi'(t+1,n)$$

在情况 B 和情况 C 下，航空公司的期望收益分别为式（2.6）、式（2.10）。保持基本参数不变，假设 $N=100$， $q=50$， $\beta=1$，初始状态 $n=100$。计算三种情况下的最优时间阈值，如表 2.3 所示。

表 2.3　三种情况下的最优时间阈值

情况	$Z_{100}^{p_1,p_2}$	$Z_{100}^{p_2,p_3}$	$Z_{100}^{p_3,p_4}$
情况 A	255	483	778
情况 B	229	452	754
情况 C	181	399	657

通过比较可以发现，情况 A 的价格转换时间比情况 B 和情况 C 要大，表明若无策略等待行为，航空公司降价的时间更晚。同时情况 B 的价格转换时间比情况 C 要小，表明采用舱位控制策略时，航空公司可通过延迟采用低价来获取更多的收益。

不同供应水平下三种情况期望收益的比较如下。假设 $N=100$，$\beta=1$。定义α 为航空公司的供应水平，即 $\alpha=q/N$。在 100 个供应水平下得到三种策略的期望收益，结果如图 2.1 所示。由图可知：

（1）情况 B 的期望收益总是大于情况 C，但总是小于情况 A。表明舱位控制策略可以缓解乘客的策略行为，但不能完全消除其影响。

（2）在供小于求的情况下（供应水平小于 1），随着供应水平α 的增加，情况 B 和情况 C 收益的绝对差也增加。供大于求的情况下（供应水平为 1），情况 B 和情况 C 收益的绝对差减小。表明供小于求的情况下，供应水平越高，舱位控制缓解策略行为的效果就越明显。

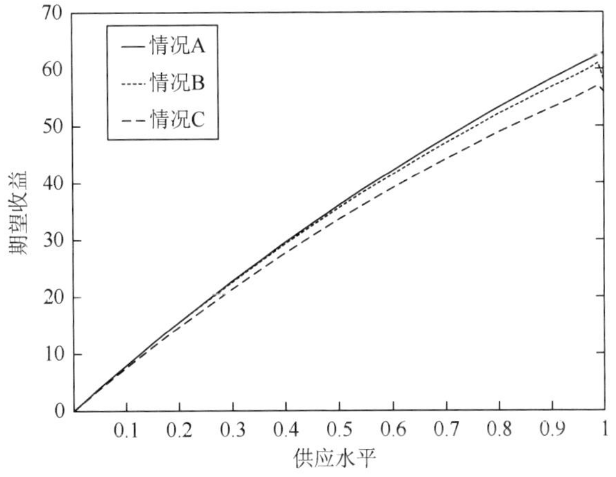

图 2.1　不同供应水平下三种情况期望收益的比较

不同β取值下三种策略期望收益的比较如下。在 100 个β取值下得到三种策略的期望收益，结果如图 2.2、图 2.3 所示，其中在图 2.2 中假设$N = q = 100$（供大于求），在图 2.3 中假设$N = 150$，$q = 100$（供小于求）。

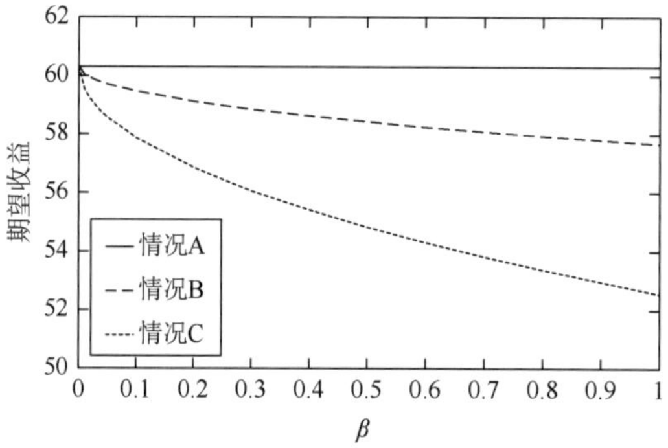

图 2.2　供大于求下三种情况期望收益的比较

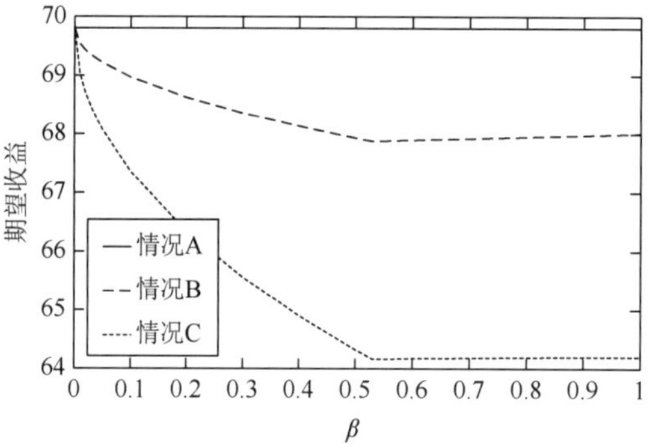

图 2.3　供小于求下三种情况期望收益的比较

通过比较可知，在两种需求状态下，随着乘客策略程度β增加，情况 B 和情况 C 期望收益的绝对差也增加。说明乘客策略程度越大，舱位控制策略越有效。

2.6　本 章 小 结

本章在乘客具有策略行为的假设下，将动态控制舱位开放作为策略，研究航空公司舱位控制下的动态定价策略并分析其有效性。通过构建多周期动态规划模型，本章分析了航空公司开放舱位的条件和最优定价满足的关系，同时通过比较发现，舱位控制策略通过控制销售期，减少乘客未来等待的效用获得更大的期望收益，可以缓解乘客策略等待行为对航空公司期望收益的影响。最后通过算例分析了 CS 策略下航空公司定价和收益的性质，并验证了 CS 策略的有效性，结果表明：

（1）如果未购买机票的乘客人数越多或乘客策略程度越大，航空公司应越早采用低价；

（2）舱位控制策略可以缓解乘客的策略行为，但不能完全消除；

（3）在供小于求的情况下，供应水平越高，舱位控制缓解策略行为的效果越明显；在供小于求和供大于求的情况下，乘客策略程度越大，舱位控制缓解策略行为的效果越明显。

舱位控制策略在收益管理实践中操作简便，应用十分广泛。但很少有文献将其作为应对机制应用到策略乘客下的收益管理研究中，本章的结论将进一步扩展缓解乘客策略行为机制的应用。

第 3 章　考虑乘客策略行为的航空客运定价策略与中介商销售机制

3.1　引　　言

第 2 章针对乘客的策略行为，将动态控制舱位开放作为策略研究了航空公司舱位控制下的动态定价。本章引入中介商销售机制，从新的视角来探讨缓解乘客策略行为的应对机制。中介商销售机制是指航空公司通过把部分季末剩余机票交由中介商销售，获得中介商销售的收益分配从而增加收益，而中介商通过机票销售过程中的套利获得额外收益提成。目前中介商在航空机票销售领域中普遍存在，如国内外著名网站 Hotwire.com、oneTravel.com、携程网、去哪儿网等。然而，这种行为并不总是对买卖双方都有效。当市场需求与中介商预期一致时，中介商进入市场就会通过低买高卖获利。但现实情况是市场需求难以预测，因此中介商的理性预期与实际情况可能存在误差。如果实际的市场需求小于供给，那么中介商面临卖不出机票带来的风险。另外，航空公司也往往面临现实选择，即是否将机票给中介商销售。当市场需求小于供给时，航空公司如果不将机票提供给中介商，也会面临卖不出去的风险。特别是市场上存在策略乘客的情况下，由于乘客动态选择购买时期，航空公司的定价面临许多影响因素，进而也影响中介商进入市场的选择。因此，在航空公司、中介商和策略乘客之间形成了卖与不卖、买与不买的动态博弈。在这个博弈中，中介商的存在是否对航空公司的机票销售行为有利以及两者的均衡是什么，正是本章研究的内容。

关于中介商销售机制下的动态定价研究，杨道箭等（2011）、官振中和李伟（2015）研究了零售商和中介商的定价与收益分配问题，但没有探讨该机制的有效性。Su（2011）在市场上有中介商（投机商）的情况下研究了销售固定数量产品零售商的均衡定价及收益。研究表明，中介商的存在增加了零售商的收益，其实质是用中介商销售替代零售商动态定价行为。Jerath 等（2010）讨论了航空公司机票销售实践中模糊中介商销售机制缓解乘客策略行为的效果，指出当乘客的偏好较低时，模糊销售机制具有有效性，但文章没有考虑乘客等待的效用损失。基于此，本章在乘客估价服从均匀分布的假设下，分析了中介商销售机制下航空公司和中介商的均衡定价策略，并从航空公司和中介销售商的角度探讨该机制的有效性。

3.2　问题描述与假设

考虑航空公司和中介商同时存在的机票销售市场。销售分为两周期。在周期 1，市场上只有航空公司销售机票，在周期 2，航空公司和中介商分别定价、共同存在，形成双渠道机票销售市场。航空公司与中介商通过制定销售价格实现收益最大化。

为了刻画乘客的策略选择行为，假定所有乘客均在销售期初到达市场。乘客购买机票的效用由航空公司机票价格和对机票的估价组成。其中，估价 V 为乘客的私人信息，对航空公司来说，认为估价服从[0, 1]的均匀分布。不失一般性，假定乘客总人数为 1。乘客策略行为可描述为效用大于 0 的情况下，根据周期 1 和周期 2 的购买效用选择购买时机，实现自身效用的最大化。

以上标 A 表示航空公司，I 表示中介商，本章相关符号约定如下。

p_t^A：航空公司 A 在周期 t $(t=1,2)$ 的定价。

p_2^I：中介商在周期 2 的定价。

θ：乘客对中介商估价的折扣因子，$\theta\in(0,1]$。原因在于由于失去航空公司直销渠道的稳定来源，乘客对中介商销售渠道的估价相对较低。

σ：航空公司与中介商的收益分享比例，$0<\sigma<1$。其中，航空公司获得中介商销售收益的 σ 部分，而中介商实际获得收益的 $1-\sigma$ 部分。

π_t^A：航空公司在周期 t 的期望收益，定义 $\pi^A=\pi_1^A+\pi_2^A$。

π^I：中介商的期望收益。

综上所述，航空公司、中介商和乘客的决策过程如图 3.1 所示。

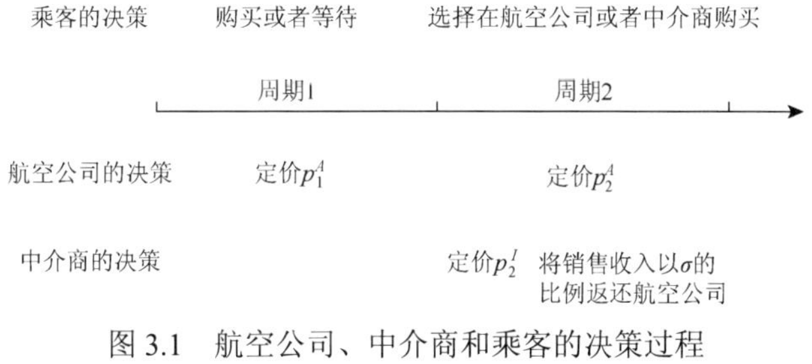

图 3.1　航空公司、中介商和乘客的决策过程

3.3　中介商销售模型及均衡分析

3.3.1　周期 2 均衡分析

因为乘客购买机票的效用随估价的增加而增加，因此在任意周期如果估价为 V_a 的乘

客购买机票，那么任何估价为$V_a'>V_a$的乘客均会选择购买，$V_a',V_a\in[0,V]$。定义V_2为周期2购买机票乘客的最大估值。那么周期2航空公司面临的需求为$[0,V_2]$。由于$V_2>\theta V_2$，因此中介商面临的需求为$[0,\theta V_2]$。为了方便讨论，定义V_2'为乘客在中介商与航空公司购买效用无差异点，V_2''为乘客在中介商购买与不购买效用无差异点。给定航空公司和中介商的定价，乘客具有以下三种购买行为。

（1）乘客只在中介商购买。

在此情况下，乘客在中介商购买的效用大于在航空公司购买的效用，即$\theta V_2-p_2^I\geqslant V_2-p_2^A$，化简可得

$$p_2^A\geqslant(1-\theta)V_2+p_2^I \tag{3.1}$$

在V_2'点，有$V_2'-p_2^A=\theta V_2'-p_2^I$，解得$V_2'=\dfrac{p_2^A-p_2^I}{1-\theta}$。由式（3.1）可知$V_2'\geqslant V_2$，与假设不符。因此当$p_2^A\geqslant(1-\theta)V_2+p_2^I$时，所有乘客均会在中介商购买。

在V_2''点，中介商为使收益最大化，有$\theta V_2''-p_2^I=0$，解得

$$V_2''=\frac{p_2^I}{\theta} \tag{3.2}$$

因此中介商销售机票获得的总收益为$p_2^I\left(V_2-\dfrac{p_2^I}{\theta}\right)$，其中

$$\pi_2^A=\sigma p_2^I\left(V_2-\frac{p_2^I}{\theta}\right)$$

$$\pi^I=(1-\sigma)p_2^I\left(V_2-\frac{p_2^I}{\theta}\right)$$

（2）所有乘客均在航空公司购买。

要满足在航空公司购买，需要保证$p_2^A<(1-\theta)V_2+p_2^I$。同时，在$V_2''$有$V_2''-p_2^A\geqslant\theta V_2''-p_2^I$。将式（3.2）代入可得$p_2^A\leqslant\dfrac{p_2^I}{\theta}$。此时，有

$$\pi_2^A=p_2^A(V_2-p_2^A)$$

$$\pi^I=0$$

（3）乘客在航空公司和中介商之间选择购买。

此时在V_2''有$V_2''-p_2^A\leqslant\theta V_2''-p_2^I$，化简得$p_2^A\geqslant\dfrac{p_2^I}{\theta}$。而$V_2'=\dfrac{p_2^A-p_2^I}{1-\theta}<V_2$，因此$\dfrac{p_2^A-p_2^I}{1-\theta}\sim V_2$的乘客到航空公司购买，$\dfrac{p_2^I}{\theta}\sim\dfrac{p_2^A-p_2^I}{1-\theta}$的乘客到中介商购买。此时，中介商通过销售机票的总收益为$p_2^I\left(\dfrac{p_2^A-p_2^I}{1-\theta}-\dfrac{p_2^I}{\theta}\right)$。其中

$$\pi^I = (1-\sigma)p_2^I\left(\frac{p_2^A - p_2^I}{1-\theta} - \frac{p_2^I}{\theta}\right)$$

$$\pi_2^A = \sigma p^I\left(\frac{p_2^A - p_2^I}{1-\theta} - \frac{p_2^I}{\theta}\right) + p_2^A\left(V_2 - \frac{p_2^A - p_2^I}{1-\theta}\right)$$

综上分析可知在周期 2，航空公司和中介商的收益如式（3.3）和式（3.4）所示：

$$\pi_2^A = \begin{cases} \sigma\left[p_2^I\left(V_2 - \dfrac{p_2^I}{\theta}\right)\right], & p_2^A \geqslant p_2^I + (1-\theta)V_2 \\ p_2^A\left(V_2 - \dfrac{p_2^A - p_2^I}{1-\theta}\right) + \sigma p_2^I\left(\dfrac{p_2^A - p_2^I}{1-\theta} - \dfrac{p_2^I}{\theta}\right), & \dfrac{p_2^I}{\theta} \leqslant p_2^A < p_2^I + (1-\theta)V_2 \\ p_2^A(V_2 - p_2^A), & p_2^A < \dfrac{p_2^I}{\theta} \end{cases} \tag{3.3}$$

$$\pi^I = \begin{cases} (1-\sigma)p_2^I\left(V_2 - \dfrac{p_2^I}{\theta}\right), & p_2^A \geqslant p_2^I + (1-\theta)V_2 \\ (1-\sigma)p_2^I\left(\dfrac{p_2^A - p_2^I}{1-\theta} - \dfrac{p_2^I}{\theta}\right), & \dfrac{p_2^I}{\theta} \leqslant p_2^A < p_2^I + (1-\theta)V_2 \\ 0, & p_2^A < \dfrac{p_2^I}{\theta} \end{cases} \tag{3.4}$$

由式（3.3）和式（3.4）直接可得周期 2 航空公司和中介商的市场均衡，如定理 3.1 所示。

定理 3.1　周期 2 航空公司和中介商销售的均衡价格为

$$p_2^{A*} = \frac{\xi(1-\theta)+\lambda}{2\xi}V_2, \quad p_2^{I*} = \frac{\theta(1-\theta)}{\xi}V_2$$

均衡收益为

$$\pi_2^{A*} = +\left[\frac{\xi(1-\theta)+\lambda}{2\xi}\frac{2-\theta\sigma}{\xi} + \frac{\sigma\theta(1-\theta)}{\xi^2}\right]V_2^2 \tag{3.5}$$

$$\pi^{I*} = (1-\sigma)\frac{\theta(1-\theta)}{\xi^2}V_2^2 \tag{3.6}$$

其中，$\xi = 4-(1+\sigma)\theta$；$\lambda = \theta(1-\theta)(1+\sigma)$。

证明　当 $p_2^A < \dfrac{p_2^I}{\theta}$ 时，中介商的收益为零，在航空公司价格不变的情况下，如果中介商降低价格，使得 $\dfrac{p_2^I}{\theta} < p_2^A < p_2^I + (1-\theta)V_2$，可以获得非负的收益。因此在 $p_2^A < \dfrac{p_2^I}{\theta}$，中介商有降价的动力。

当 $p_2^A \geqslant p_2^I + (1-\theta)V_2$ 时，对中介商的收益求导可得 $p_2^{I*} = \dfrac{\theta}{2}V_2$。此时

$$\pi_2^{A*} = \frac{\sigma\theta}{4} V_2^2 \quad (3.7)$$

$$\pi_2^{I*} = \frac{(1-\sigma)\theta}{4} V_2^2 \quad (3.8)$$

当 $\frac{p_2^I}{\theta} < p_2^A < p_2^I + (1-\theta)V_2$ 时，对航空公司和中介商的收益分别求导，联立可得

$$p_2^{I*} = \frac{\theta(1-\theta)}{\xi} V_2$$

$$p_2^{A*} = \frac{\xi(1-\theta)+\lambda}{2\xi} V_2$$

$$\pi_2^{A*} = +\left[\frac{\xi(1-\theta)+\lambda}{2\xi}\frac{2-\theta\sigma}{\xi} + \frac{\sigma\theta(1-\theta)}{\xi^2}\right] V_2^2$$

$$\pi_2^{I*} = (1-\sigma)\frac{\theta(1-\theta)}{\xi^2} V_2^2$$

由式（3.5）～式（3.7）可得

$$\left[\frac{\xi(1-\theta)+\lambda}{2\xi}\frac{2-\theta\sigma}{\xi} + \frac{\sigma\theta(1-\theta)}{\xi^2} - \frac{\sigma\theta}{4}\right] V_2^2$$

$$= \left[\frac{4(1-\theta)+\theta\sigma(6-3\sigma-\theta\sigma)}{4\xi} + \frac{\lambda(2-\theta\sigma)+2\theta\sigma(1-\theta)}{2\xi^2}\right] V_2^2$$

$$\geqslant 0$$

因此，在 $p_2^A \geqslant p_2^I + (1-\theta)V_2$ 的情形下，虽然航空公司获得中介商的收益分配，但是其收益小于 $\frac{p_2^I}{\theta} < p_2^A < p_2^I + (1-\theta)V_2$ 时的总收益。因此，在 $p_2^A \geqslant p_2^I + (1-\theta)V_2$ 的情况下，航空公司通过降价可使收益增加。

下面证明在 $\frac{p_2^I}{\theta} < p_2^A < p_2^I + (1-\theta)V_2$ 情况下，航空公司和中介商均没有改变均衡的意愿。首先，由于 $p_2^S < \theta p_2^A$，由式（3.6）可知，中介商没有降价的意愿。其次，航空公司在 $\frac{p_2^{S*}}{\theta} < p_2^A$ 时的最优价格为 $\frac{(1-\theta)}{\xi} V_2$，可以获得的收益为 $\frac{\theta(1-\theta)+\sigma(1-\theta)^3}{\xi^2} V_2^2 < R_2^{A*}$。因此若航空公司改变价格，其收益会降低。所以航空公司和中介商的价格均衡存在于 $\frac{p_2^I}{\theta} < p_2^A < p_2^I + (1-\theta)V_2$，均衡收益满足式（3.5）和式（3.6）。

证毕。

定理 3.1 表明，在中介商销售机制下周期 2 的市场均衡为航空公司与中介商共同销售，不存在任何一方独占市场的情况。

3.3.2　周期 1 均衡分析

基于收益最大化考虑，航空公司在周期 1 的定价应满足 $\beta(V_2 - p_2^{A*}) = V_2 - p_1^A$。化简可得

$$V_2 = \frac{p_1^A 2\xi}{(1-\beta)2\xi + \beta[(1-\theta)\xi + \lambda]} \tag{3.9}$$

在周期 1 航空公司的收益为

$$\pi_1^A = p_1^A(V - V_2)$$

令 $\dfrac{\partial \pi_1^A}{\partial p_2^A} = 0$，得 $V - \dfrac{p_1^A 2\xi}{(1-\beta)2\xi + \beta[(1-\theta)\xi + \lambda]} + p_1^A \left\{ -\dfrac{2\xi}{(1-\beta)2\xi + \beta[(1-\theta)\xi + \lambda]} \right\} = 0$

化简可得

$$p_1^{A*} = \frac{(1-\beta)2\xi + \beta[(1-\theta)\xi + \lambda]}{4\xi} V \tag{3.10}$$

将式（3.10）代入式（3.9）求得

$$V_2 = \frac{1}{2} V \tag{3.11}$$

因此，周期 1 航空公司的收益为

$$\pi_1^{A*} = \frac{(1-\beta)2\xi + \beta[(1-\theta)\xi + \lambda]}{8\xi} V^2$$

综合两周期的收益，并将式（3.11）代入式（3.5）和式（3.6），在整个销售期航空公司的收益为

$$\begin{aligned} \pi_1^{A^*} &= \pi_1^{A^*} + \pi_2^{A^*} \\ &= V^2 \left\{ \frac{\xi(1-\theta)+\lambda}{8\xi} \frac{(2-\theta\sigma)}{\xi} + \frac{\sigma\theta(1-\theta)}{4\xi^2} + \frac{(1-\beta)2\xi + \beta[(1-\theta)\xi + \lambda]}{8\xi} \right\} \end{aligned} \tag{3.12}$$

$$\pi^{I*} - (1-\sigma)\frac{\theta(1-\theta)}{4\xi^2} V^2 \tag{3.13}$$

推论 3.1　在中介商销售机制下，乘客策略程度越大，航空公司的收益越低。

证明　由式(3.12)可知 $\dfrac{\partial \pi^{A*}}{\partial \beta} = \left[\dfrac{-2\xi + (1-\theta)\xi + \lambda}{8\xi} \right] V^2$。将 $\xi = 4 - (1+\sigma)\theta$、$\lambda = \theta(1-\theta)$ $\times(1+\sigma)$ 代入，化简可得

$$\frac{\partial \pi^{A*}}{\partial \beta} = \left[\frac{-4 - 2\theta(1-\sigma)}{8\xi} \right] V^2 < 0$$

证毕。

推论 3.1 表明在中介商销售机制下，乘客的策略等待行为导致航空公司的收益降低，

且策略程度越大，航空公司的收益越低。这与 Su（2007）、Cachon 等（2015）在无中介商销售下的结论相同。

3.4 中介商销售机制的有效性分析

本节讨论航空公司传统直销模式下的收益，并与中介商销售机制下的收益相比较。重点讨论中介商销售机制的有效性。

3.4.1 航空公司直销模式下的收益分析

定义上标“ – ”为航空公司直销模式下的决策变量。为了保持策略乘客等待行为的有效性，仍假定销售为两周期。按照前述思路分析，可得在周期 2 在 $\bar{V}'$ 点上乘客的效用为 0。因此 $\bar{V}'-\bar{p}_2^A=0$。此时，航空公司的收益为 $\bar{R}_2^A=\bar{p}_2^A(\bar{V}_2-\bar{p}_2^A)$。令 $\dfrac{\partial\bar{\pi}_2^A}{\partial\bar{p}_2^A}=0$，求得 $\bar{p}_2^{A*}=\dfrac{\bar{V}_2}{2}$，$\bar{\pi}_2^{A*}=\dfrac{\bar{V}_2^2}{4}$。

周期 1 在 $\bar{V}_2$ 点上购买和周期 2 购买无差异，因此有 $\beta(\bar{V}_2-\bar{p}_2^{A*})=\bar{V}_2-\bar{p}_1^A$，化简得

$$\bar{V}_2=\frac{\bar{p}_1^A}{1-\dfrac{\beta}{2}}$$

由上式得周期 1 航空公司的收益为

$$\bar{\pi}_1^A=\bar{p}_1^A(V-\bar{V}_2)=\bar{p}_1^A\left(V-\frac{\bar{p}_1^A}{1-\dfrac{\beta}{2}}\right)$$

令 $\dfrac{\partial\bar{\pi}_1^A}{\partial\bar{p}_1^A}=0$，求得

$$\bar{p}_1^{A*}=\frac{2-\beta}{4}V$$

$$\bar{\pi}_1^{A*}=\frac{2-\beta}{8}V^2$$

综上可得，在直销模式下航空公司的总收益为

$$\begin{aligned}\bar{\pi}^{A*}&=\frac{2-\beta}{8}V^2+\frac{\bar{V}_2^2}{4}\\&=\frac{5-2\beta}{16}V^2\end{aligned}\tag{3.14}$$

推论 3.2　$p_i^{A*}<\bar{p}_i^{A*}$，$i=1,2$。

证明　在周期 1，有

$$
\begin{aligned}
& p_1^{A*} - \bar{p}_1^{A*} \\
&= \frac{(1-\beta)2\xi + \beta[(1-\theta)\xi + \lambda]}{4\xi}V - \frac{2-\beta}{4}V \\
&= \frac{\theta\beta(\sigma-3)}{4\xi}V < 0
\end{aligned}
$$

在周期 2，有

$$
\begin{aligned}
& p_2^{A*} - \bar{p}_2^{A*} \\
&= \left[\frac{\xi(1-\theta)+\lambda}{4\xi} - \frac{1}{4}\right]V \\
&= \frac{\theta(\sigma-3)}{4\xi}V < 0
\end{aligned}
$$

证毕。

推论 3.2 表明，在中介商销售机制下航空公司的最优定价策略小于传统直销模式。主要原因在于周期 1 航空公司需要通过较低的价格满足高需求乘客的需求，以获得最大收益；在周期 2 又面临中介商的竞争（根据定理 3.1，过高价格导致航空公司收益损失），因此价格低于传统直销模式。

3.4.2　两种模式下收益的比较分析

本节主要从航空公司和中介商的角度探讨中介商销售机制的有效性，即中介商的存在是否能够缓解乘客的策略行为，是否具有实施的可行性。为了方便讨论，令 $\Delta\pi = \pi^{A*} - \bar{\pi}^{A*}$。

定理 3.2　$\Delta\pi \geqslant 0$ 的解为

$$
\begin{cases}
\dfrac{1}{2\sigma} < \theta < 1, & \dfrac{1}{2} < \sigma < 1 \\
\dfrac{4-\beta}{4\ \ 2\sigma\beta} < \theta < 1, & 0 < \sigma < \dfrac{1}{2}
\end{cases}
\tag{3.15}
$$

证明　式（3.12）减去式（3.14）得

$$
\Delta\pi = \left\{\frac{\xi(1-\theta)+\lambda}{8\xi}\frac{2-\theta\sigma}{\xi} + \frac{\sigma\theta(1-\theta)}{4\xi^2} + \frac{(1-\beta)2\xi + \beta[(1-\theta)\xi+\lambda]}{8\xi} - \frac{5-2\beta}{16}\right\}V^2
$$

化简可得

$$
\Delta\pi = \frac{V^2\theta}{16\xi^2}[4(\sigma^2\beta - 2\sigma\beta)\theta^2 + 4(2\sigma\beta + \sigma - \sigma^2\beta)\theta + \sigma(\sigma-4)]
$$

可知 $\Delta\pi^A \geqslant 0$ 的解为

$$
\begin{cases}
\dfrac{1}{2\sigma} < \theta < 1, & \dfrac{1}{2} < \sigma < 1 \\
\dfrac{4-\beta}{4-2\sigma\beta} < \theta < 1, & 0 < \sigma < \dfrac{1}{2}
\end{cases}
$$

证毕。

定理 3.2 表明，当θ和σ满足式（3.15）时，航空公司在中介商销售机制获得的收益大于传统直销模式，中介商销售机制可以缓解策略乘客行为对航空公司收益的影响，且对航空公司来说，中介商销售机制具有实施的可行性。

定理 3.3 对任意的θ和σ，$\pi^{I^*}\geqslant 0$。

证明 由式（3.6）可知

$$\pi^{I^*}=(1-\sigma)\frac{\theta(1-\theta)}{\xi^2}V_2^2\geqslant 0$$

证毕。

定理 3.3 表明，中介商进入销售市场后，收益大于不进入市场的情况（为 0），从中介商的角度考虑，中介商销售机制具有实施的可行性。

推论 3.3 $\Delta\pi$ 随着β的增加而增加。

证明

$$\begin{aligned}\frac{\partial\Delta\pi}{\partial\beta}&=\frac{V^2\theta}{16\xi^2}(4\sigma^2-2\sigma\theta^2+8\sigma\theta-4\sigma^2\theta)\\&=\frac{V^2\theta\sigma}{16\xi^2}[4\sigma-2\theta(\theta-4+2\sigma)]\\&\geqslant 0\end{aligned}$$

证毕。

推论 3.3 表明，乘客策略程度β越大，收益的增加值ΔR越大，采用中介商销售机制越有效。该结论可为航空公司实施中介商销售机制提供一定的理论依据。

3.5 算 例 分 析

本节通过数值模拟验证以上理论分析的结果，重点分析各参数对中介商销售机制有效性的影响。

3.5.1 乘客策略程度对收益的影响

首先令$\sigma=0.8$，取四组不同θ值，考察策略程度对收益的影响，如图 3.2 和图 3.3 所示。

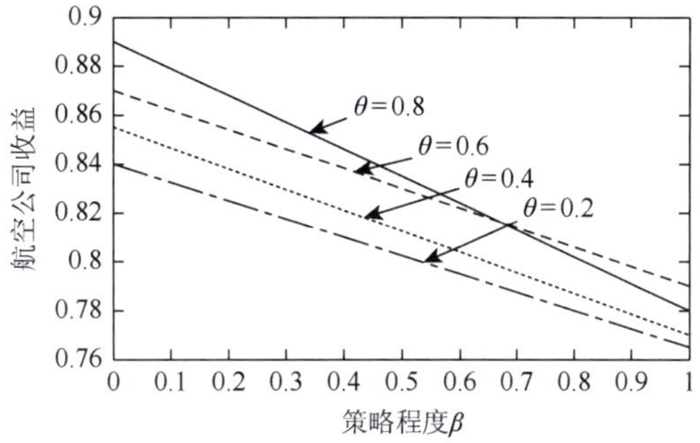

图 3.2　不同 β 下航空公司的收益

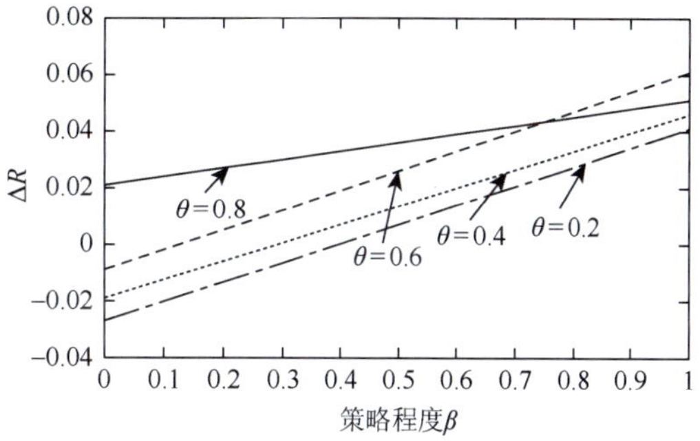

图 3.3　不同 β 下中介商销售机制的收益差

可以看到，对于所有的 θ，随着策略程度的增加，航空公司的收益减少，验证了推论 3.1，而 $\Delta\pi$ 随策略程度的增加而增加，验证了推论 3.3。同时，部分 θ 下 $\Delta\pi<0$，此时中介商销售机制失去了有效性，表明中介商销售机制不能完全弥补乘客策略行为带来的损失。

3.5.2　中介商销售机制有效性分析

令 $\beta=0.6$，考虑 θ 和 σ 两个参数在中介商销售机制下的敏感程度，如图 3.4～图 3.6 所示。

从图中可以看出以下几点。

（1）在特定的乘客策略程度下，在式（3.15）有效性范围内，航空公司在中介商销售机制下的收益大于传统销售，而中介商也获得非负的收益。即中介商销售机制可以增加航空公司和中介商的收益，可以有效地缓解乘客的策略行为对航空公司收益的影响。验证了定理 3.2 和定理 3.3。

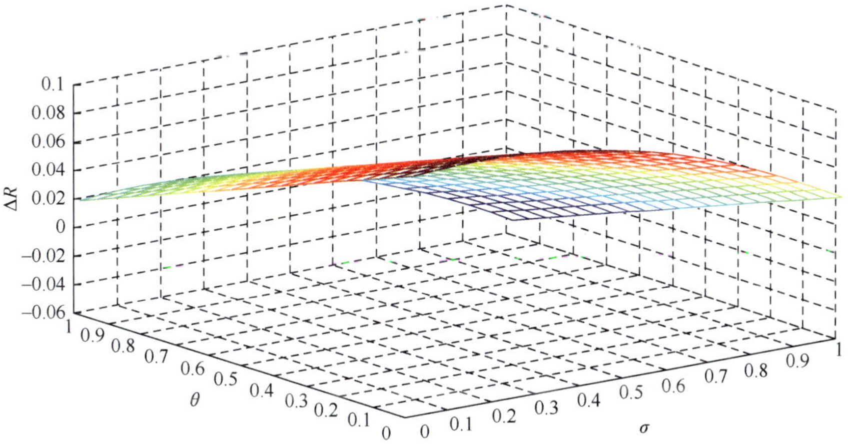

图 3.4　不同 θ 和 σ 下中介商销售模式下的收益差

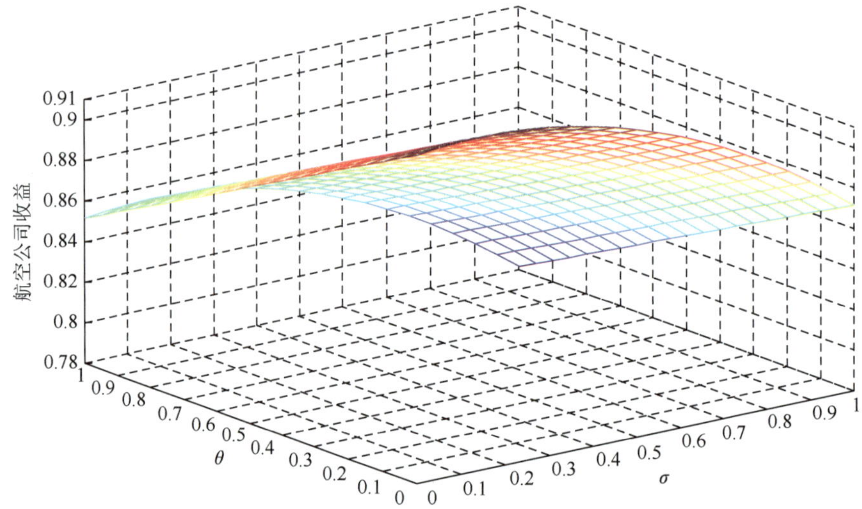

图 3.5　不同 θ 和 σ 下航空公司的收益

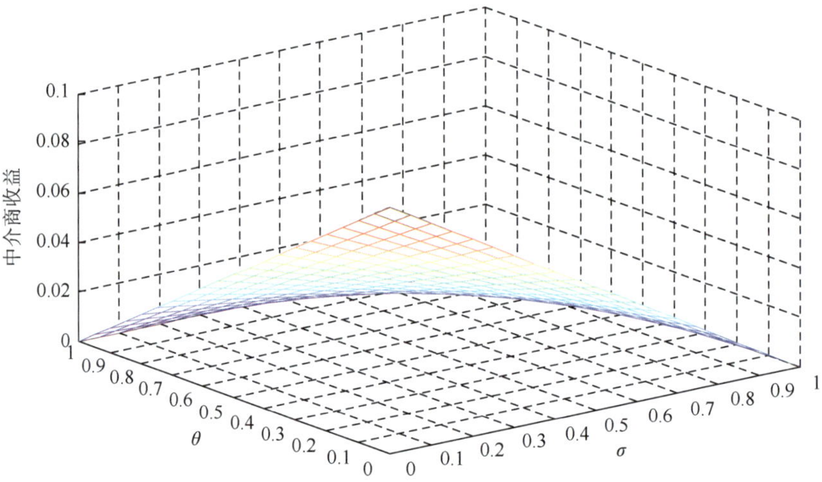

图 3.6　不同 θ 和 σ 下中介商收益

（2）随着 θ 的增加，航空公司的收益先增加后减少，中介商的收益先减少后增加，说明乘客对中介商机票的估价越高，并不一定使得航空公司的收益受损，一定程度的竞争可能带来更高的收益。

（3）中介商的收益随着 σ 的增加先增加后减少，说明在特定的参数假设下，随着自身收益分享比例的增加，中介商并不一定获益。在该双渠道供应链中，存在最优的收益分配比例使得航空公司和中介商获得均衡收益。

3.6　本 章 小 结

本章在乘客具有策略行为的背景下，研究了航空公司与中介商的定价策略及中介商销售机制的有效性。根据问题的特点，假定航空公司在周期 1 销售机票，并在周期 2 与中介商共同销售，形成双渠道机票销售供应链，通过逆向求解探讨了航空公司和中介商的均衡定价策略，将均衡收益与传统直销渠道相比较，并通过算例进行验证。研究表明：

（1）在乘客估价不确定下，当乘客对中介商的估价折扣位于某一范围时，中介商销售机制不仅可以缓解乘客的策略行为，也具有实施的可行性，但该机制不能完全消除策略行为对航空公司收益的影响；

（2）航空公司和中介商一定程度的竞争可能带来更高的收益；

（3）乘客策略程度越高，中介商销售机制缓解乘客策略行为的效果越明显。

近年来，在国内外机票销售实践中，中介商销售渠道已成为主力。本章的研究结论进一步验证了该机制在乘客具有策略行为下的有效性。

第二篇　竞　　争

随着科技的进步和全球经济一体化程度的不断加深，国内航空市场竞争日趋激烈。通常，国内的大多数航线上都有多家航空公司提供的多个航班飞行。在这种经营条件下，航空公司在制定机票价格时，不仅要考虑自身剩余机票数量和市场需求状况，还要预测和考虑行业内其他竞争对手的销售策略以及对自身公司竞争策略的态度和反应，从全局的角度把握市场需求。Sood（2004）提到厂商在价格决策时忽略市场竞争因素可能引致自身在竞争中落败，同时，价格竞争行为会减少各个厂商的期望收益。本篇试图将市场竞争因素和乘客的策略行为同时纳入模型中，建立竞争环境下考虑乘客策略行为的动态定价模型，并引入模糊销售机制和价格承诺机制，分析两种机制对航空公司收益的影响。

第 4 章 考虑乘客策略行为的航空机票模糊销售机制研究

4.1 引 言

本章研究在竞争环境下，针对乘客的策略购买行为，在航空客运机票销售过程中引入模糊销售机制，通过建立 Hotelling 模型，探讨该机制下航空公司的定价策略，从航空公司和模糊销售中介商的视角分析该机制缓解乘客策略行为的效果。

4.2 问题描述与假设

本章假定市场上有两个相互竞争的航空公司 A 和 B，分别拥有 $\frac{q}{2}$ 张机票。A、B 两公司分别位于一条长度为 1 的 Hotelling 线的两端，N 个乘客均匀地分布在这条线上。乘客具有策略行为，会根据当前的价格信息以及对未来产品来源和可得性的预期做出购买决定。

航空公司存在两种博弈状态。一是区域垄断，即在 Hotelling 线上位于 x_A 左侧的乘客全部在 A 公司购买机票，位于 x_B 右侧的乘客全部在 B 公司购买机票，如图 4.1 所示，其中 x_A、x_B 分别表示在 A、B 公司中购买机票且在 Hotelling 线上离 A、B 公司最远的乘客的位置，形成区域垄断的原因是：航空公司战略性地选择制定高价来实现收益的最大化。二是相互竞争，即位于 x_B 右侧的乘客可能在 A 公司购买机票，位丁 x_A 左侧的乘客可能在 B 公司购买机票，这是航空公司选择通过降低价格来提高收益的结果。

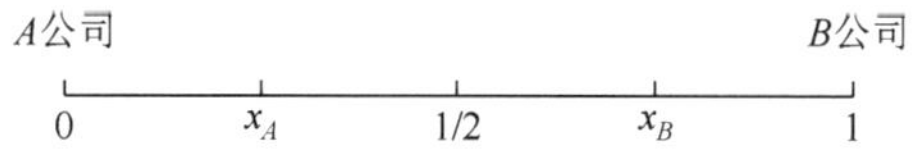

图 4.1 航空公司与策略乘客的 Hotelling 博弈分布

考虑航空公司的两种销售策略：一是传统销售，即航空公司在整个销售期内只通过自己的渠道进行销售，并且对所有的乘客收取相同的价格；二是模糊销售，即在传统销售结束后，若还有机票剩余，航空公司将剩余机票委托给中介商进行销售，中介商在售出机票之前隐藏一些有关机票的描述性特征，如机票的来源、出发时间、经停地点等，直到乘客作出购买决定后才向其说明。为了便于区分，将模糊销售渠道中的机票称为模糊机票。

本章相关符号约定如下。

x：乘客在 Hotelling 线上的位置，其值的大小决定了乘客的品牌偏好，即 x 离 A 公司越近，表示乘客对 A 公司的品牌偏好越强，反之亦然。

κ：单位距离成本，假设 $\kappa > 0$。乘客从 A 公司购买机票将产生 κx 的成本，从 B 公司购买机票将产生 $\kappa(1-x)$ 的成本。

$\frac{V}{\kappa}$：乘客的购买意愿，反映两个公司之间的竞争程度。随着 $\frac{V}{\kappa}$ 的增加，市场变得越来越具有竞争力。假设 $\frac{V}{\kappa} \geqslant \frac{1}{2}$，当航空公司免费提供机票时，乘客从航空公司购买机票可以获得非负的效用。

本章的研究基于如下假设。

（1）所有参与者都是理性的且信息完全，航空公司和乘客清楚地知道所有参数的值。

（2）理性预期均衡，即预期值和实际值相符。为了和实际值相区分，用上标“*”来表示预期。

（3）需求确定。随着预测技术的不断发展，数据预测的结果也越来越准确，因此在销售机票之前清楚地知道机票的需求量是可能的。

4.3　模糊销售博弈分析

本节主要分析航空公司在机票销售中引入模糊销售时的均衡状态，即面对乘客策略行为，航空公司如何制定合理的价格来实现收益最大化。

假设传统销售中 A、B 公司收益最大化时的价格分别为 p_A、p_B，那么乘客在传统渠道中从 A 公司购买机票的效用为 $V-p_A-\kappa x$，从 B 公司购买机票的效用为 $V-p_A-\kappa(1-x)$。与第 3 章相同，用 I 表示中介商，中介商制定的价格记为 p_I，ρ 表示乘客获得模糊机票的概率，γ_A^* 表示乘客预期模糊机票来自于 A 公司的概率，γ_B^* 表示模糊机票来自于 B 公司的概率。那么购买模糊机票的乘客的预期效用为 $\max\{\rho[\beta V-p_s-\gamma_A^*\kappa x-\gamma_B^*\kappa(1-x)],0\}$。$\sigma$ 表示模糊销售结束后航空公司和中介商之间收益分配的比例。航空公司获得模糊销售收益的 σ，中介商获得 $1-\sigma$，其中 $\sigma \in (0,1)$。π_{AI}、π_{BI} 分别表示 A、B 公司在模糊销售渠道中的收益，π_A、π_B 分别表示 A、B 公司在实施模糊销售机制时的总收益。

引理 4.1　在理性预期的情况下，且两个公司所持有的机票数量相同时：

$$\gamma_A^* = \gamma_A = \gamma_B^* = \gamma_B = \frac{1}{2} \tag{4.1}$$

证明　类似于 Jerath 等（2010）中的证明，这里不再赘述。

引理 4.1 表明，每个购买模糊机票的乘客的预期效用为 $\beta V - p_I - \frac{\kappa}{2}$，因此均衡时，模糊销售阶段的价格为

$$p_I = \beta V - \frac{\kappa}{2} \tag{4.2}$$

4.3.1　供大于求

A、B 公司在传统销售渠道制定的价格分别为 p_A、p_B，使得位于 $[0, x_A]$ 区间的乘客从 A 公司购买机票，位于 $[x_B, 1]$ 区间内的乘客从 B 公司购买机票。在传统渠道的销售结束后，负责进行模糊销售的中介商 I 可以覆盖 $[x_A, x_B]$ 区间里的所有乘客。在供大于求的情况下，模糊销售渠道中的每个乘客都可以获得机票，因此 $\rho = 1$。模糊销售渠道中的总收益为 $\pi_I = p_I(x_B - x_A)N$。

引理 4.2　当航空公司作为区域垄断者且乘客的购买意愿 $\frac{V}{\kappa} \in \left[\frac{1}{2}, 1\right)$ 时，在实施模糊销售机制的情况下，A、B 两个航空公司的最优价格为 $p_A = p_B = \frac{V}{2} + \frac{\sigma}{2}\left(\beta V - \frac{\kappa}{2}\right)$，最佳市场覆盖率为 $x_A = 1 - x_B = \frac{V}{2\kappa} - \frac{\sigma}{2}\left(\frac{\beta V}{\kappa} - \frac{1}{2}\right)$，最大期望收益为

$$\left[\frac{V}{2} + \frac{\sigma}{2}\left(\beta V - \frac{\kappa}{2}\right)\right]\left[\frac{V}{2\kappa} - \frac{\sigma}{2}\left(\frac{\beta V}{\kappa} - \frac{1}{2}\right)\right]N + \frac{1}{2}\sigma\left(\beta V - \frac{\kappa}{2}\right)\left\{1 - 2\left[\frac{V}{2\kappa} - \frac{\sigma}{2}\left(\frac{\beta V}{\kappa} - \frac{1}{2}\right)\right]\right\}N \tag{4.3}$$

当乘客的购买意愿 $\frac{V}{\kappa} \in \left[1, \frac{3}{2}\right)$ 时，A、B 两个航空公司的最优价格为 $p_A = p_B = V - \frac{\kappa}{2}$，最佳市场覆盖率为 $x_A = 1 - x_B = \frac{1}{2}$，最大期望收益为

$$\pi_A = \pi_B = \left(V - \frac{\kappa}{2}\right)\frac{N}{2} \tag{4.4}$$

当航空公司之间相互竞争且乘客的购买意愿 $\frac{V}{\kappa} \in \left[\frac{3}{2}, +\infty\right)$ 时，A、B 两个航空公司的最优价格为 $p_A = p_B = \kappa$，最佳市场覆盖率为 $x_A = 1 - x_B = \frac{1}{2}$，最大期望收益为

$$\pi_A = \pi_B = \frac{N\kappa}{2} \tag{4.5}$$

证明　对 A 公司来说，位于 x_A 处的乘客无差异于从传统销售渠道购买机票和从模糊销售渠道购买机票，即

$$V - p_A - \kappa x_A = \beta V - p_s - \gamma_A^* \kappa x_A - \gamma_B^* \kappa (1 - x_A)$$

由式（4.1）和式（4.2）可知，以上等式的右边等于 0。因此

$$p_A = V - \kappa x_A,\quad \pi_A = (V - \kappa x_A)x_A N + \sigma\gamma_A^*\left(\beta V - \frac{\kappa}{2}\right)(x_B - x_A)N$$

由

$$\frac{\mathrm{d}\pi_A}{\mathrm{d}x_A} = 0$$

可得

$$x_A = \frac{V}{2\kappa} - \frac{\sigma}{2}\left(\frac{\beta V}{\kappa} - \frac{1}{2}\right)$$

$$p_A = V - \kappa x_A = \frac{V}{2} + \frac{\sigma}{2}\left(\beta V - \frac{\kappa}{2}\right)$$

$$\pi = (V - \kappa x_A)x_A N = \left[\frac{V}{2} + \frac{\sigma}{2}\left(\beta V - \frac{\kappa}{2}\right)\right]\left[\frac{V}{2\kappa} - \frac{\sigma}{2}\left(\frac{\beta V}{\kappa} - \frac{1}{2}\right)\right]N$$

$$\sigma\gamma_A^*\left(\beta V - \frac{\kappa}{2}\right)(x_B - x_A)N = \frac{1}{2}\sigma\left(\beta V - \frac{\kappa}{2}\right)\left\{1 - 2\left[\frac{V}{2\kappa} - \frac{\sigma}{2}\left(\frac{\beta V}{t} - \frac{1}{2}\right)\right]\right\}N \qquad (4.6)$$

因此

$$\pi_A = \pi_B = \left[\frac{V}{2} + \frac{\sigma}{2}\left(\beta V - \frac{\kappa}{2}\right)\right]\left[\frac{V}{2\kappa} - \frac{\sigma}{2}\left(\frac{\beta V}{\kappa} - \frac{1}{2}\right)\right]N + \frac{1}{2}\sigma\left(\beta V - \frac{\kappa}{2}\right)\left\{1 - 2\left[\frac{V}{2\kappa} - \frac{\sigma}{2}\left(\frac{\beta V}{\kappa} - \frac{1}{2}\right)\right]\right\}N$$

当乘客的购买意愿位于区间$\left[1, \frac{3}{2}\right)$，$\left[\frac{3}{2}, +\infty\right)$时，市场实现完全覆盖，没有模糊销售机制存在的必要性，此时，航空公司的均衡结果跟传统销售情况一致，具体证明过程类似于 Jerath 等（2010）。

证毕。

引理 4.2 表明，在供大于求的情况下，当采用模糊销售时，航空公司在面对不同购买意愿乘客时的均衡结果如表 4.1 所示。

表 4.1　供大于求时航空公司的均衡状态

$\frac{V}{\kappa}$	传统销售渠道价格 $p_A = p_B$	模糊销售渠道价格 p_I	模糊销售渠道市场覆盖率 $x_B - x_A$	总收益 $\pi_A = \pi_B$
$\left[\frac{1}{2}, 1\right)$	$\frac{V}{2} + \frac{\sigma}{2}\left(\beta V - \frac{t}{2}\right)$	$\beta V - \frac{t}{2}$	$1 - \frac{V}{t} + \sigma\left(\frac{\beta V}{t} - \frac{1}{2}\right)$	$\left[\frac{V}{2} + \frac{\sigma}{2}\left(\beta V - \frac{\kappa}{2}\right)\right]\left[\frac{V}{2\kappa} - \frac{\sigma}{2}\left(\frac{\beta V}{\kappa} - \frac{1}{2}\right)\right]N + \frac{1}{2}\sigma\left(\beta V - \frac{\kappa}{2}\right)\left\{1 - 2\left[\frac{V}{2\kappa} - \frac{\sigma}{2}\left(\frac{\beta V}{\kappa} - \frac{1}{2}\right)\right]\right\}N$
$\left[1, \frac{3}{2}\right)$	$V - \frac{\kappa}{2}$	—	—	$\left(\frac{V}{\kappa} - \frac{1}{2}\right)\frac{\kappa}{2}N$
$\left[\frac{3}{2}, +\infty\right)$	κ	—	—	$\frac{\kappa}{2}N$

4.3.2　供小于求

引理 4.3　当航空公司作为区域垄断者且乘客的购买意愿 $\frac{V}{\kappa}\in\left[\frac{1}{2},\frac{q}{N}\right)$ 时，在实施模糊销售机制的情况下，A、B 两个航空公司的最优价格为 $p_A=p_B=\frac{V}{2}+\frac{\sigma}{2}\left(\beta V-\frac{\kappa}{2}\right)$，最佳市场覆盖率为 $x_A=1-x_B=\frac{V}{2\kappa}-\frac{\sigma}{2}\left(\frac{\beta V}{\kappa}-\frac{1}{2}\right)$，最大期望收益为

$$\left[\frac{V}{2}-\frac{\sigma}{2}\left(\beta V-\frac{\kappa}{2}\right)\right]\left[\frac{V}{2\kappa}-\frac{\sigma}{2}\left(\frac{\beta V}{\kappa}-\frac{1}{2}\right)\right]N+\frac{1}{2}\sigma\left(\beta V-\frac{\kappa}{2}\right)\left\{q-2\left[\frac{V}{2\kappa}-\frac{\sigma}{2}\left(\frac{\beta V}{\kappa}-\frac{1}{2}\right)\right]N\right\} \quad (4.7)$$

当航空公司之间相互竞争且乘客的购买意愿 $\frac{V}{\kappa}\in\left[\frac{q}{N},+\infty\right)$ 时，A、B 两个航空公司的最优价格为 $p_A=p_B=V-\kappa\frac{q}{2N}$，最佳市场覆盖率为 $x_A=1-x_B=\frac{q}{2N}$，最大期望收益为

$$\pi_A=\pi_B=\left(V-\frac{q\kappa}{2N}\right)\frac{q}{2} \quad (4.8)$$

证明　对 A 公司来说，位于 x_A 处的乘客无差异于从传统销售渠道购买机票和从模糊销售渠道购买机票，则

$$V-p_A-\kappa x_A=\rho[\beta V-p_I-\gamma_A^*\kappa x_A-\gamma_B^*\kappa(1-x_A)]$$

由式（4.1）和式（4.2）可知以上等式的右边等于 0。因此

$$p_A=V-\kappa x_A,\quad \pi_A=(V-\kappa x_A)x_AN+\sigma\gamma_A^*(\beta V-\kappa)[q-x_AN-(1-x_B)N]$$

令

$$\frac{\mathrm{d}\pi_A}{\mathrm{d}x_A}=0\Rightarrow x_A=\frac{V}{2\kappa}-\frac{\sigma}{2}\left(\frac{\beta V}{\kappa}-\frac{1}{2}\right)$$

$$p_A=V-\kappa x_A=\frac{V}{2}+\frac{\sigma}{2}\left(\beta V-\frac{\kappa}{2}\right)$$

$$\pi_A=(V-\kappa x_A)x_AN=\left[\frac{V}{2}-\frac{\sigma}{2}\left(\beta V-\frac{\kappa}{2}\right)\right]\left[\frac{V}{2\kappa}-\frac{\sigma}{2}\left(\frac{\beta V}{\kappa}-\frac{1}{2}\right)\right]N$$

$$\sigma\gamma_A^*\left(\beta V-\frac{\kappa}{2}\right)(x_B-x_A)N=\frac{1}{2}\sigma\left(\beta V-\frac{\kappa}{2}\right)\left\{q-2\left[\frac{V}{2\kappa}-\frac{\sigma}{2}\left(\frac{\beta V}{\kappa}-\frac{1}{2}\right)\right]N\right\} \quad (4.9)$$

因此

$$\pi_A=\pi_B=\left[\frac{V}{2}-\frac{\sigma}{2}\left(\beta V-\frac{\kappa}{2}\right)\right]\left[\frac{V}{2\kappa}-\frac{\sigma}{2}\left(\frac{\beta V}{\kappa}-\frac{1}{2}\right)\right]N+\frac{1}{2}\sigma\left(\beta V-\frac{\kappa}{2}\right)\left\{q-2\left[\frac{V}{2\kappa}-\frac{\sigma}{2}\left(\frac{\beta V}{\kappa}-\frac{1}{2}\right)\right]N\right\}$$

当乘客的购买意愿位于区间$\left[\frac{q}{N},+\infty\right)$时，市场实现完全覆盖，模糊销售机制没有存在的必要性，此时，航空公司的均衡结果跟传统销售情况一致，具体证明过程类似于 Jerath 等（2010）的研究。

证毕。

引理 4.3 表明，在供小于求的情况下，当采用模糊销售时，航空公司在面对不同购买意愿乘客时的均衡结果如表 4.2 所示。

表 4.2 供小于求时航空公司的均衡状态

$\frac{V}{\kappa}$	传统销售渠道价格 $p_A=p_B$	模糊销售渠道价格 p_I	模糊销售渠道市场覆盖率 x_B-x_A	总收益 $\pi_A=\pi_B$
$\left[\frac{1}{2},\frac{q}{N}\right)$	$\frac{V}{2}+\frac{\sigma}{2}\left(\beta V-\frac{\kappa}{2}\right)$	$\beta V-\frac{\kappa}{2}$	$\frac{q}{N}-\frac{V}{\kappa}+\sigma\left(\frac{\beta}{\kappa}V-\frac{1}{2}\right)$	$\left[\frac{V}{2}-\frac{\sigma}{2}\left(\beta V-\frac{\kappa}{2}\right)\right]\left[\frac{V}{2\kappa}-\frac{\sigma}{2}\left(\frac{\beta V}{\kappa}-\frac{1}{2}\right)\right]N+\frac{1}{2}\sigma\left(\beta V-\frac{\kappa}{2}\right)\left\{q-2\left[\frac{V}{2\kappa}-\frac{\sigma}{2}\left(\frac{\beta V}{\kappa}-\frac{1}{2}\right)\right]N\right\}$
$\left[\frac{q}{N},+\infty\right)$	$V-\frac{\kappa}{2}$	—	—	$\left(V-\frac{q}{2N}\kappa\right)\frac{q}{2}$

推论 4.1 无论在供大于求还是供小于求的情况下，航空公司的最优价格与乘客的策略程度、购买意愿成正相关。

证明 由表 4.1 和表 4.2 可知，航空公司的最优价格为

$$p=\frac{V}{2}+\frac{\sigma}{2}\left(\beta V-\frac{\kappa}{2}\right) \tag{4.10}$$

式（4.10）整理为关于β的函数得$p=\frac{\sigma V}{2}\beta+\frac{V}{2}-\frac{\sigma\kappa}{4}$，因为$\frac{V}{\kappa}\geqslant\frac{1}{2}$且$0<\sigma<1$，所以面对不同策略程度的乘客时，航空公司的最优价格随着策略程度的增加而增加。

式（4.10）整理为$\frac{V}{\kappa}$的函数得$p=\kappa\left[\left(\frac{1+\sigma\beta}{2}\right)\frac{V}{\kappa}-\frac{\sigma}{4}\right]$，因为$0<\sigma<1$，$0\leqslant\beta\leqslant1$，所以随着乘客购买意愿的增加，航空公司的最优价格也呈现出增长的趋势。

证毕。

推论 4.1 表明当乘客的策略程度和购买意愿增加时，航空公司制定高价可以获得更高的收益。因此，在实际定价过程中，航空公司可以根据历史数据和经验得知乘客的策略程度与购买意愿，从而合理地制定价格并提高收益。

4.4　模糊销售机制的有效性分析

本节主要从航空公司和中介商的角度探讨模糊销售机制的有效性，即模糊销售机制是否能够缓解乘客的策略行为，是否具有实施的可行性。同时分析乘客的策略程度对模糊销售机制有效性的影响。

4.4.1　航空公司收益的比较分析

由 Jerath 等（2010）的结论可知，在传统销售下，当供大于求且乘客的购买意愿 $\frac{V}{\kappa}\in\left[\frac{1}{2},1\right)$，或者供小于求且乘客的购买意愿 $\frac{V}{\kappa}\in\left[\frac{1}{2},\frac{q}{N}\right)$ 时，A、B 两个航空公司的最大期望收益为

$$\pi_A=\pi_B=\frac{V^2N}{4\kappa} \tag{4.11}$$

定义供大于求时航空公司在模糊销售和传统销售下的收益之差为 $\Delta\pi_L$，供小于求时航空公司在模糊销售和传统销售下的收益之差为 $\Delta\pi_H$。

定理 4.1　在供大于求的情况下，$\Delta\pi_L>0$ 的解为 $\begin{cases}\frac{1}{2\beta}<\frac{V}{\kappa}<1, & \frac{1}{2}<\beta\leqslant 1\\ \frac{\sigma-4}{2\sigma\beta-4}<\frac{V}{\kappa}<1, & 0<\beta<\frac{1}{2}\end{cases}$；在供小于求的情况下，$\Delta\pi_H>0$ 的解为 $\begin{cases}\frac{1}{2\beta}<\frac{V}{\kappa}<\frac{q}{N}, & \frac{N}{2q}<\beta\leqslant 1\\ \frac{\sigma-4\frac{q}{N}}{2\sigma\beta-4}<\frac{V}{\kappa}<\frac{q}{N}, & 0<\beta<\frac{N}{2q}\end{cases}$；特殊地，当 $\beta=1$ 时，$\Delta\pi_L>0$，$\Delta\pi_H>0$ 恒成立。

证明　由式（4.3）和式（4.11）可知

$$\Delta\pi_L=\kappa N\left[\left(\frac{\sigma^2\beta^2}{4}-\frac{\sigma\beta}{2}\right)\left(\frac{V}{\kappa}\right)^2+\left(\frac{\sigma}{4}+\frac{\sigma\beta}{2}-\frac{\sigma^2\beta}{4}\right)\frac{V}{\kappa}+\frac{\sigma^2}{16}-\frac{\sigma}{4}\right] \tag{4.12}$$

求解得到式（4.12）大于 0 的解为

$$\begin{cases}\frac{1}{2\beta}<\frac{V}{\kappa}<1, & \frac{1}{2}<\beta\leqslant 1\\ \frac{\sigma-4}{2\sigma\beta-4}<\frac{V}{\kappa}<1, & 0<\beta<\frac{1}{2}\end{cases}$$

由式（4.7）和式（4.11）可知

$$\Delta\pi_H = \kappa N\left[\left(\frac{\sigma^2\beta^2}{4}-\frac{\sigma\beta}{2}\right)\left(\frac{V}{\kappa}\right)^2+\left(\frac{\sigma\beta q}{2N}+\frac{\sigma}{4}-\frac{\sigma^2\beta}{4}\right)\frac{V}{\kappa}+\frac{\sigma^2}{16}-\frac{\sigma q}{4N}\right] \tag{4.13}$$

求解得到式（4.13）大于 0 的解为

$$\begin{cases}\dfrac{1}{2\beta}<\dfrac{V}{\kappa}<\dfrac{q}{N}, & \dfrac{N}{2q}<\beta\leqslant 1\\ \dfrac{\sigma-4\cdot\dfrac{q}{N}}{2\sigma\beta-4}<\dfrac{V}{\kappa}<\dfrac{q}{N}, & 0<\beta<\dfrac{N}{2q}\end{cases}$$

证毕。

定理 4.1 表明在供大于求的情况下，当$\frac{1}{2}<\beta\leqslant 1$且$\frac{1}{2\beta}<\frac{V}{\kappa}<1$或$0<\beta<\frac{1}{2}$且$\frac{\sigma-4}{2\sigma\beta-4}<\frac{V}{\kappa}<1$时；以及在供小于求的情况下，当$\frac{N}{2q}<\beta\leqslant 1$且$\frac{1}{2\beta}<\frac{V}{\kappa}<1$或$0<\beta<\frac{N}{2q}$且$\frac{\sigma-4}{2\sigma\beta-4}<\frac{V}{\kappa}<1$时，相对于传统销售，模糊销售的存在可以增加航空公司的收益，起到缓解乘客策略行为的作用。特殊地，当$\beta=1$，即乘客具有完全策略性时，两种策略下的收益之差大于等于 0 恒成立，因此从航空公司的角度来看模糊销售机制的实施具有可行性。

推论 4.2　无论在供大于求还是供小于求的情况下，当乘客策略程度$\beta\in\left(\frac{\kappa}{2V},1\right]$时，模糊销售可以起到缓解乘客策略行为的作用，即模糊销售机制具有有效性。

证明　将式（4.12）整理得

$$\Delta\pi_L = \kappa N\left\{\frac{\sigma^2}{4}\left(\frac{V}{\kappa}\right)^2\beta^2+\left[\frac{\sigma}{2}\frac{V}{\kappa}-\frac{\sigma}{2}\left(\frac{V}{\kappa}\right)^2-\frac{\sigma^2}{4}\frac{V}{\kappa}\right]\beta+\frac{\sigma}{4}\frac{V}{\kappa}+\frac{\sigma^2}{16}-\frac{\sigma}{4}\right\} \tag{4.14}$$

令式（4.14）等于 0，求得$\beta=\frac{\kappa}{2V}$或$\beta=\frac{\kappa}{2V}+\frac{2}{\sigma}-\frac{2\kappa}{\sigma V}$，且$\frac{\kappa}{2V}+\frac{2}{\sigma}-\frac{2\kappa}{\sigma V}<\frac{\kappa}{2V}<1$。

因此，当$\frac{\kappa}{2V}<\beta\leqslant 1$时，$\Delta\pi_L$为正且随着$\beta$的增加而增加，模糊销售机制具有有效性。

将式（4.13）整理得

$$\Delta\pi_H = \kappa N\left\{\frac{\sigma^2}{4}\left(\frac{V}{\kappa}\right)^2\beta^2+\left[\frac{\sigma q}{2N}\frac{V}{\kappa}-\frac{\sigma}{2}\left(\frac{V}{\kappa}\right)^2-\frac{\sigma^2}{4}\frac{V}{\kappa}\right]\beta+\frac{\sigma}{4}\frac{V}{\kappa}+\frac{\sigma^2}{16}-\frac{\sigma q}{4N}\right\} \tag{4.15}$$

令式（4.15）等于 0，求得$\beta=\frac{\kappa}{2V}$或$\beta=\frac{\kappa}{2V}+\frac{2}{\sigma}-\frac{2\sigma}{\sigma V}\frac{q}{N}$，且$\frac{\kappa}{2V}+\frac{2}{\sigma}-\frac{2\kappa}{\sigma V}\frac{q}{N}<\frac{\kappa}{2V}<1$。

因此，当$\frac{\kappa}{2V}<\beta\leqslant 1$时，$\Delta\pi_L$为正且随着$\beta$的增加而增加，模糊销售机制具有有效性。

证毕。

推论 4.2 表明当乘客的策略程度较高时，模糊销售机制具有有效性，且其有效性随着乘客策略程度的增加而提高。因此，在面对策略乘客时，模糊销售机制可以帮助航空公司有效地缓解乘客的策略行为所带来的收益损失。当乘客的策略程度不在$\left(\frac{\kappa}{2V},1\right]$范围时，模糊销售有效性的范围如定理 4.1 所述。

4.4.2　两种销售情形下中介商收益的比较

定义供大于求时中介商的收益为π_{IL}，供小于求时中介商的收益为π_{IH}。由于在传统销售渠道下，没有中介商的存在，因此其收益为 0。

定理 4.2　实施模糊销售时，$\pi_{IL}>0$的解为$\begin{cases}\frac{1}{2\beta}<\frac{V}{\kappa}<1, & \frac{1}{2}<\beta\leqslant 1\\ \frac{\sigma-2}{2\sigma\beta-2}<\frac{V}{\kappa}<1, & 0<\beta<\frac{1}{2}\end{cases}$；$\pi_{IH}>0$的解为$\begin{cases}\frac{1}{2\beta}<\frac{V}{\kappa}<1, & \frac{N}{2q}<\beta\leqslant 1\\ \frac{\sigma-2\frac{q}{N}}{2\sigma\beta-2}<\frac{V}{\kappa}<1, & 0<\kappa<\frac{N}{2q}\end{cases}$。

证明　由式（4.6）可知，在供大于求的情况下，中介商的收益为

$$\pi_{IL}=\kappa N\left\{[\beta^2\sigma(1-\sigma)-\beta(1-\sigma)]\left(\frac{V}{\kappa}\right)^2+\left[\beta(1-\sigma)+\frac{1}{2}(1-\sigma)-\beta\sigma(1-\sigma)\right]\frac{V}{\kappa}\right.$$
$$\left.+\frac{1}{4}\sigma(1-\sigma)-\frac{1}{2}(1-\sigma)\right\}\tag{4.16}$$

求解得式（4.16）大于 0 的解为

$$\begin{cases}\frac{1}{2\beta}<\frac{V}{\kappa}<1, & \frac{1}{2}<\beta\leqslant 1\\ \frac{\sigma-2}{2\sigma\beta-2}<\frac{V}{\kappa}<1, & 0<\beta<\frac{1}{2}\end{cases}$$

由式（4.9）可知，在供小于求情况下，中介商的收益为

$$\pi_{IH}=\kappa N\left\{[\beta^2\sigma(1-\sigma)-\beta(1-\sigma)]\left(\frac{V}{\kappa}\right)^2+\left[\beta(1-\sigma)\frac{q}{N}+\frac{1}{2}(1-\sigma)-\beta\sigma(1-\sigma)\right]\frac{V}{\kappa}\right.$$
$$\left.+\frac{1}{4}\sigma(1-\sigma)-\frac{1}{2}(1-\sigma)\frac{q}{N}\right\}\tag{4.17}$$

求解得式（4.17）大于 0 的解为

$$\begin{cases} \dfrac{1}{2\beta} < \dfrac{V}{\kappa} < 1, \quad \dfrac{N}{2q} < \beta \leqslant 1 \\ \dfrac{\sigma - 2\dfrac{q}{N}}{2\sigma\beta - 2} < \dfrac{V}{\kappa} < 1, \quad 0 < \beta < \dfrac{N}{2q} \end{cases}$$

证毕。

结合定理 4.1、定理 4.2 可知，在供大于求的情况下，当$\dfrac{1}{2} < \beta \leqslant 1$时，$\Delta\pi_L > 0$与$\pi_{IL} > 0$的解相同；当$0 < \beta < \dfrac{1}{2}$，$\Delta\pi_L > 0$时，$\pi_{IL} > 0$恒成立。同样地，在供小于求的情况下，可以得到相同的结果。因此，定理 4.1、定理 4.2 表明当航空公司为了缓解乘客策略行为而实施模糊销售时，中介商的收益恒大于 0。模糊销售机制的实施在增加航空公司收益的同时，也可以使中介商从中获益，意味着中介商有实施模糊销售的动力，因此从中介商的角度来看，模糊销售机制具有可行性。

4.5 算 例 分 析

本节将通过数值模拟验证以上理论分析的结果，重点分析模糊销售机制的有效性和乘客策略程度对该机制有效性的影响。

基本参数设置如下：假设航空公司和中介商之间平分模糊销售阶段的收益，即$\sigma = 0.5$；假定$\kappa = 1, N = 1$，供大于求时$q > N$，供小于求时$q < N$，且$q = 0.9$。

4.5.1 模糊销售机制有效性分析

假设乘客具有完全策略性，即$\beta = 1$，利用模型的分析方法，计算模糊销售的有效性，得到结果如图 4.2 和图 4.3 所示。

从图 4.2 和图 4.3 中可以看出以下几点。

（1）无论供大于求还是供小于求，在特定的乘客策略程度以及航空公司与中介商的收益分配比例下，航空公司在模糊销售下的收益总是大于传统销售下的收益，即模糊销售机制可以增加航空公司的收益，可以有效地缓解乘客的策略行为对航空公司收益的影响。验证了定理 4.1。

（2）当实施模糊销售时，中介商的收益恒大于 0，意味着中介商有实施模糊销售的动力，因此，模糊销售机制具有可行性。验证了定理 4.2。

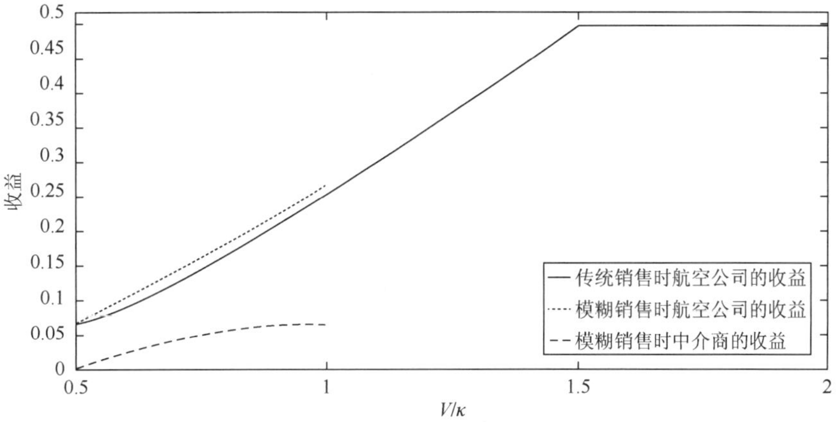

图 4.2　供大于求时航空公司和中介商的收益

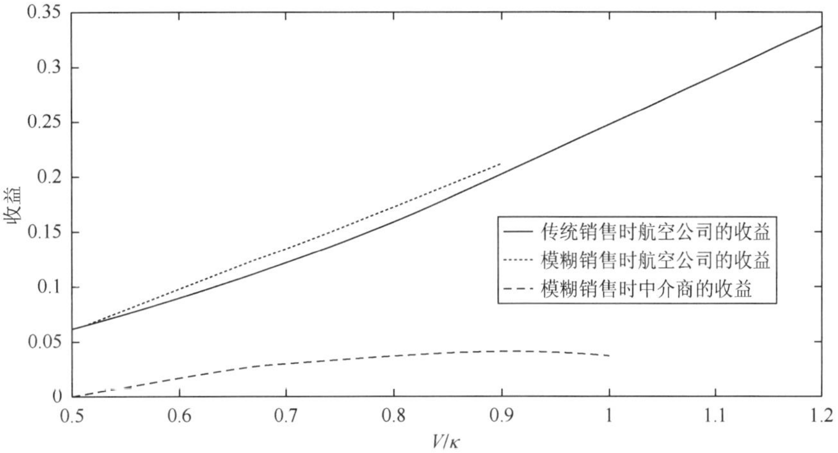

图 4.3　供小于求时航空公司和中介商的收益

4.5.2　乘客策略程度对模糊销售机制有效性的影响

假设乘客对机票的估值 $V=0.8$，计算策略程度对模糊销售的影响，得到结果如图 4.4 和图 4.5 所示。

从图 4.4 和图 4.5 中可以看出以下几点。

（1）两种策略的收益差随着乘客策略程度的增加呈现出先减后增的趋势。在供大于求且 $\beta\in[0.5,1]$ 时，以及在供小于求且 $\beta\in[0.625,1]$ 时，模糊销售机制具有有效性，且其有效性随着乘客策略程度的增加而提高，验证了推论 4.2 的结果。

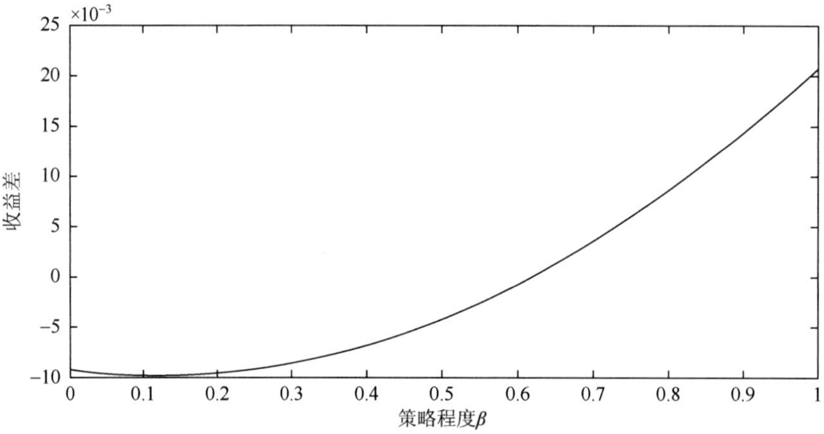

图 4.4　供大于求时策略程度对模糊销售机制有效性的影响

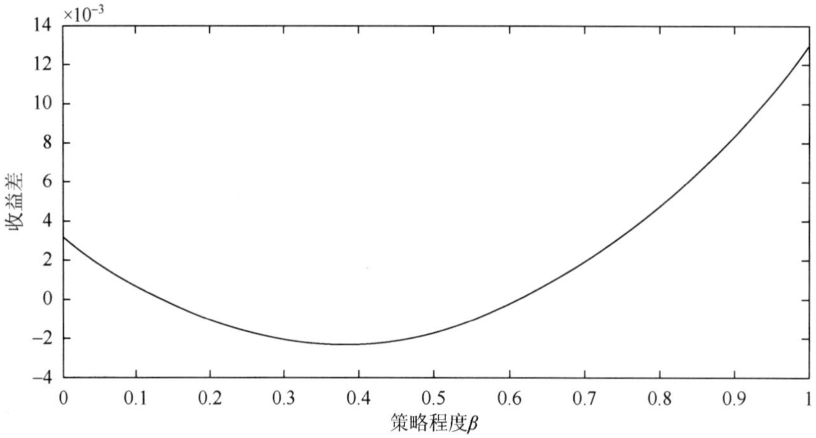

图 4.5　供小于求时策略程度对模糊销售机制有效性的影响

（2）无论供大于求还是供小于求，当乘客的策略程度位于一定范围时，模糊销售机制将失去有效性，在图中表现为 $\Delta\pi < 0$ 或 $\Delta\pi$ 随 β 的增加而减小，因此，模糊销售机制可以在一定程度上缓解乘客的策略行为对航空公司收益的影响，但不能完全消除。

4.6　本章小结

本章在乘客具有策略行为的假设下，在航空客运机票销售中引入模糊销售机制，探讨航空公司在该机制下的定价策略，同时研究该机制能否缓解乘客的策略行为。在 Hotelling 模型的基础上，本章分析了航空公司和策略乘客之间的博弈，分别考虑在供大于求和供小于求两种需求状况下航空公司采用模糊销售机制时的最优价格，并对航空公司在两种销售策略下的收益进行比较，结果表明：

（1）无论在供大于求还是供小于求的情况下，航空公司的最优价格与乘客的策略程度、乘客的购买意愿成正相关，该结论为航空公司的定价策略提供了理论支撑。

（2）当乘客的策略程度位于一定范围时，模糊销售下航空公司的收益大于传统销售下的收益恒成立，即模糊销售机制能缓解乘客策略行为对航空公司收益的影响。

（3）在实施模糊销售时，中介商的收益大于 0 恒成立，这意味着中介商有实施模糊销售的动力，因此，从中介商的角度来看，模糊销售机制具有可行性。

最后通过算例从航空公司和中介商的角度分析了模糊销售机制的有效性以及乘客策略程度对该机制有效性的影响，发现模糊销售机制可以缓解乘客的策略行为对航空公司的影响，但是不能完全消除影响；乘客策略程度越大，模糊销售机制缓解策略行为的效果就越明显。

第 5 章　考虑乘客策略行为的航空客运价格承诺机制研究

5.1　引　　言

第 4 章研究了竞争环境下模糊销售机制对乘客策略行为的影响。本章试图在航空客运机票销售过程中引入价格承诺销售机制。价格承诺是指航空公司在销售期初就确定整个销售期的机票价格范围，即在制定机票销售期初价格的同时向乘客承诺未来的降价幅度。价格承诺机制在目前的航空机票销售实践中已有应用，如中国国际航空股份有限公司在其官网不仅提供了当日的各航班机票价格，同时也公布了未来近一年的机票价格。本章在乘客具有策略行为下分别探讨传统销售和价格承诺机制下航空公司的均衡，并探讨价格承诺机制的适用范围。假定市场供小于求。因为在供大于求或供求平衡时，乘客将会预期即使等待至同期 2 也能购买到机票，此时承诺降价不能造成低价机票的稀缺性，相反将使得乘客全部等待至周期 2 购买。因此，只有在供小于求的情况下，价格承诺才能有效实施。本章的符号假设与第 4 章相同。

5.2　模 型 分 析

5.2.1　传统销售策略分析

用上标 C 表示传统销售策略。乘客在周期 1 从 A 公司购买机票的效用为 $V-p_A^{C1}-x^C\kappa$，在周期 2 从 A 公司购买机票的效用为 $\beta V-p_A^{C2}-x^C\kappa$。

引理 5.1　在传统销售策略下，$p_A^{C1}=p_A^{C2}$。

证明　航空公司 A 为实现收益最大化，将使得位于 x_A^{C2} 处的乘客在周期 2 购买机票的效用为 0，即

$$\beta V-p_A^{C2}-x_A^{C2}\kappa=0$$

化简可得

$$p_A^{C2}=\beta V-x_A^{C2}\kappa \tag{5.1}$$

对航空公司 A 来说，位于 x_A^{C1} 处的乘客在周期 2 购买机票和在周期 1 购买机票无差异，即

$$V-p_A^{C1}-x_A^{C1}\kappa=\theta V-p_A^{C2}-x_A^{C1}\kappa$$

化简可得

$$p_A^{C1}=(1-\beta)V+p_A^{C2}=V-x_A^{C2}\kappa \tag{5.2}$$

对航空公司 A 来说，其收益为

$$\begin{aligned}\pi_A^C &= [p_A^{C1}x_A^{C1} + p_A^{C2}(x_A^{C2} - x_A^{C1})]N \\ &= [-x_A^{C2^2}\kappa + \beta V x_A^{C2} + (1-\beta)V x_A^{C1}]N \end{aligned} \tag{5.3}$$

令 $\dfrac{\partial \pi_A^C}{\partial x_A^{C2}} = 0$，求得

$$x_A^{C2} = \frac{\beta V}{2\kappa} \tag{5.4}$$

将式（5.1）、式（5.2）、式（5.4）代入式（5.3）可得

$$\pi_A^C = x_A^{C1}(1-\beta)V + \frac{\beta^2 V^2}{4\kappa}$$

由上式可知 π_A^C 是 $x_A^{C1}(\leqslant x_A^{C2})$ 的增函数，航空公司 A 的收益随 x_A^{C1} 增大而增大，即当 $x_A^{C1} = x_A^{C2}$ 时取得最大收益。由此可知，航空公司 A 在周期 1 进行定价并延续到周期 2，即 $p_A^{C1} = p_A^{C2}$，此时收益达到最大。

证毕。

引理 5.1 表明，在传统销售策略下，航空公司将在整个销售期制定相同价格。由引理 5.1 可直接得航空公司的均衡定价和收益，如定理 5.1 所示。

定理 5.1　在传统销售策略下，当乘客的购买意愿 $\dfrac{V}{\kappa} \in \left[\dfrac{1}{2}, \dfrac{q}{N}\right)$ 时，航空公司 A、B 的均衡价格为 $p_A^C = p_B^C = \dfrac{V}{2}$，均衡期望收益为 $\pi_A^C = \pi_B^C = \dfrac{V^2}{4\kappa}N$。

当乘客的购买意愿 $\dfrac{V}{\kappa} \in \left[\dfrac{q}{N}, +\infty\right)$ 时，航空公司 A、B 的均衡价格为 $p_A^C = p_B^C = V - \dfrac{q\kappa}{2N}$，均衡期望收益为 $\pi_A^C = \pi_B^C = \left(V - \dfrac{q\kappa}{2N}\right)\dfrac{q}{2}$。

证明　由于供小于求，航空公司有两种销售状态，即部分销售和完全销售，处于何种销售状态则取决于乘客的购买意愿。

考虑航空公司部分销售，航空公司 A 为实现收益最大化，将使得位于 x_A^C 处的乘客购买机票的效用为 0，即

$$V - p_A^C - x_A^C\kappa = 0$$

化简可得

$$p_A^C = V - x_A^C\kappa$$

对航空公司 A 来说，其收益为

$$\pi_A^C = p_A^C x_A^C N = (V - x_A^C\kappa)x_A^C N$$

令 $\dfrac{\partial \pi_A^C}{\partial x_A^C}=0$，求得

$$x_A^C=\frac{V}{2\kappa},\quad p_A^C=\frac{V}{2}$$

进一步得

$$\pi_A^C=\frac{V^2}{4\kappa}N \tag{5.5}$$

由于航空公司为部分销售，即 $x_A^C<\dfrac{q}{2N}$，故有 $\dfrac{V}{\kappa}<\dfrac{q}{N}$。

考虑航空公司为全部销售，即 $x_A^C=\dfrac{q}{2N}$，故有 $\dfrac{V}{\kappa}\geqslant\dfrac{q}{N}$。航空公司 A 为实现收益最大化，将使得位于 x_A^C 处的乘客购买机票的效用为 0，即

$$V-x_A^C\kappa-p_A=V-\frac{q}{2N}\kappa-p_A^C=0$$

化简可得

$$p_A^C=V-\frac{q}{2N}\kappa$$

对航空公司 A 来说，其收益为

$$\pi_A^C=p_A^C x_A^C N=\left(V-\frac{q}{2N}\kappa\right)\frac{q}{2} \tag{5.6}$$

证毕。

由式（5.5）和式（5.6）可知，航空公司的均衡收益是乘客购买意愿 $\dfrac{V}{\kappa}$ 的增函数，即乘客购买意愿越强，航空公司的均衡收益越大。

5.2.2　价格承诺策略分析

用上标 Z 表示价格承诺，航空公司制定周期 1 价格 p_j^Z，同时宣布周期 2 的降价幅度 ϖ。乘客在周期 1 从 A 公司购买机票的效用为 $V-p_A^Z-x^Z\kappa$，在周期 2 从 A 公司购买机票的效用为 $\beta V-\varpi p_A^Z-x^Z\kappa$。

定理 5.2　在价格承诺下，当 $\dfrac{\beta}{2-\beta}<\varpi<\beta$ 且 $\dfrac{1}{2}\leqslant\dfrac{V}{\kappa}\leqslant\dfrac{1-\varpi}{2(\beta-\varpi)}$ 时，A、B 航空公司的均衡价格为 $p_A^Z=p_B^Z=\dfrac{1-\beta}{1-\varpi}V$，均衡期望收益为

$$\pi_A^Z=\pi_B^Z=\frac{(1-\beta)^2\varpi^2}{(1-\varpi)^2\kappa}V^2N$$

证明　航空公司 A 为实现收益最大化，将使得位于 x_A^{Z2} 处的乘客在周期 2 购买机票的

效用为 0，即

$$\beta V - \varpi p_A^Z - x_A^{Z2}\kappa = 0$$

化简可得

$$x_A^{Z2} = \frac{\beta V - \varpi p_A^Z}{\kappa} \tag{5.7}$$

进一步得

$$p_A^Z = \frac{\beta V - x_A^{Z2}\kappa}{\varpi}$$

对航空公司 A 来说，其收益为

$$\begin{aligned}\pi_A^Z &= p_A^Z x_A^{Z1} N + \varpi p_A^Z (x_A^{Z2} - x_A^{Z1}) N \\ &= \left[\frac{\beta V - x_A^{Z2}\kappa}{\varpi} x_A^{Z1} + (\beta V - x_A^{Z2}\kappa)(x_A^{Z2} - x_A^{Z1})\right] N\end{aligned}$$

令 $\dfrac{\partial \pi_A^Z}{\partial x_A^{Z2}} = 0$，求得

$$x_A^{Z2} = \frac{\beta\varpi V - (1-\varpi)x_A^{Z1}\kappa}{2\varpi\kappa} \tag{5.8}$$

联立式（5.7）和式（5.8）得

$$x_A^{Z1} = \frac{\varpi(2\varpi p_A^Z - \beta V)}{(1-\varpi)\kappa} \tag{5.9}$$

对航空公司 A 来说，位于 x_A^{Z1} 处的乘客在周期 2 购买机票和周期 1 购买机票无差异，即

$$V - p_A^Z - x_A^{Z1}\kappa = \beta V - \varpi p_A^Z - x_A^{Z1}\kappa$$

化简可得

$$p_A^Z = \frac{(1-\beta)}{1-\varpi} V \tag{5.10}$$

将式（5.10）代入式（5.7）和式（5.9）可得

$$x_A^{Z2} = \frac{(\beta-\varpi)V}{(1-\varpi)\kappa}, \quad x_A^{Z1} = \frac{\varpi(2\varpi - \beta - \varpi\beta)V}{(1-\varpi)^2\kappa}$$

因此

$$\pi_A^Z = \frac{(1-\beta)^2\varpi^2 V^2}{(1-\varpi)^2\kappa} N \tag{5.11}$$

同时，对航空公司 A 来说，周期 1 和周期 2 最佳市场覆盖率均大于 0，即

$$x_A^{Z1} = \frac{\varpi(2\varpi - \beta - \beta\varpi)V}{(1-\varpi)^2\kappa} > 0, \quad x_A^{Z2} = \frac{(\beta-\varpi)V}{(1-\varpi)\kappa} > 0$$

化简可得

$$\frac{\beta}{2-\beta}<\varpi<\beta$$

对航空公司 A 来说，周期 2 最佳市场覆盖率不超过 $\frac{1}{2}$，即

$$x_A^{Z2}=\frac{(\beta-\varpi)V}{(1-\varpi)\kappa}\leqslant\frac{1}{2}$$

化简可得

$$\frac{1}{2}\leqslant\frac{V}{\kappa}\leqslant\frac{1-\varpi}{2(\beta-\varpi)}$$

证毕。

定理 5.2 展示了在价格承诺机制下航空公司的均衡收益，当 $\frac{\beta}{2-\beta}<\varpi<\beta$ 且 $\frac{1}{2}\leqslant\frac{V}{\kappa}\leqslant\frac{1-\varpi}{2(\beta-\varpi)}$ 时，A、B 航空公司最大期望收益为 $\pi_A^Z=\pi_B^Z=\frac{(1-\beta)^2\varpi^2}{(1-\varpi)^2\kappa}V^2N$。同时发现，当 $\frac{V}{\kappa}>\frac{1-\varpi}{2(\beta-\varpi)}$ 时，由于乘客购买意愿过大，航空公司竞争过于激烈，从而导致价格承诺下的期望收益不能最大化。

推论 5.1　p_A^Z 和 π_A^Z 随 β 增大而减少，随 ϖ 增大而增大。

证明　对式（5.11）求关于 β 的导数，得

$$\frac{\partial p_A^Z}{\partial\beta}=-\frac{V}{1-\varpi}<0$$

对式（5.11）求关于 ϖ 的导数，得

$$\frac{\partial p_A^Z}{\partial\varpi}=\frac{(1-\beta)V}{(1-\varpi)^2}>0$$

因此，p_A^Z 关于 β 单调递减，关于 ϖ 单调递增。同理，对式（5.11）分别求关于 β、ϖ 的导数，可得 π_A^Z 关于 β 单调递减，关于 ϖ 单调递增。

证毕。

由推论 5.1 可以看出，策略程度越大，乘客越可能延迟购买，使得航空公司不得不在周期 1 制定更低的价格以吸引乘客尽早购买，从而使均衡价格和期望收益减小。随着降价幅度增大，乘客等待至周期 2 购买的效用减小，导致乘客越可能提前购买，使得航空公司均衡价格和期望收益增大。

5.3　价格承诺机制有效性分析

本节主要从航空公司的角度探讨价格承诺机制的有效性，即价格承诺是否能够缓解乘

客的策略行为，是否具有实施的可行性。同时分析乘客的购买意愿、策略程度和航空公司降价幅度对价格承诺有效性的影响。定义收益 $\Delta\pi = \pi_A^Z - \pi_A^C$。

定理 5.3　当乘客购买意愿 $\frac{V}{\kappa} \in \left[\frac{1}{2}, \frac{q}{N}\right)$ 时，$\Delta\pi > 0$ 的解为

$$\frac{1}{2} < \varpi < 1, \quad \varpi < \beta < \frac{3\varpi - 1}{2\varpi}$$

当乘客购买意愿 $\frac{V}{\kappa} \in \left[\frac{q}{N}, \frac{1-\varpi}{2(\beta-\varpi)}\right)$ 时，$\Delta\pi > 0$ 的解为

$$\begin{cases} \frac{g}{2NV - g} < \varpi < 1, \quad \varpi < \beta < \frac{2\varpi}{1+\varpi} \\ \frac{g}{2NV} < \varpi < \frac{g}{2NV - g}, \quad \varpi < \beta < 1 - \frac{(1-\varpi)g}{2NV\varpi} \end{cases}$$

其中，$g = \sqrt{(2NV - q\kappa)q\kappa}$。

当乘客购买意愿 $\frac{V}{\kappa} \in \left[\frac{1-\varpi}{2(\beta-\varpi)}, +\infty\right)$ 时，$\Delta\pi < 0$，即航空公司选择传统销售的收益恒大于价格承诺机制。

证明　$\frac{1-\varpi}{2(\beta-\varpi)} - \frac{q}{N} > \frac{1-\varpi}{2(\beta-\varpi)} - 1 = \frac{1+\varpi-2\beta}{2(\beta-\varpi)}$，又有

$$1 + \varpi - 2\beta > 1 + \frac{\beta}{2-\beta} - 2\beta = \frac{2(1-\beta)^2}{2-\beta} > 0$$

故 $\frac{1-\varpi}{2(\beta-\varpi)} > \frac{q}{N}$。

当乘客购买意愿 $\frac{V}{\kappa} \in \left[\frac{1}{2}, \frac{q}{N}\right)$ 时，式（5.11）减去式（5.5）可得

$$\Delta\pi = \frac{(1-\beta)^2\varpi^2}{(1-\varpi)^2\kappa}V^2N - \frac{V^2}{4\kappa}N$$

整理得

$$\Delta\pi = \frac{NV^2}{\kappa}\frac{\varpi^2}{(1-\varpi)^2}\left[\beta^2 - 2\beta + 1 - \left(\frac{1-\varpi}{2\varpi}\right)^2\right] \tag{5.12}$$

求解可得式（5.12）大于 0 的解为

$$\varpi < \beta < \frac{3\varpi - 1}{2\varpi}, \quad \frac{1}{2} < \varpi < 1$$

当乘客购买意愿 $\frac{V}{\kappa} \in \left[\frac{q}{N}, \frac{1-\varpi}{2(\beta-\varpi)}\right)$ 时，式（5.11）减去式（5.6）可得

$$\Delta\pi = \frac{(1-\beta)^2\varpi^2}{(1-\varpi)^2\kappa}V^2N - \left(V - \frac{q}{2N}\kappa\right)\frac{q}{2}$$

整理得

$$\Delta\pi = \frac{NV^2}{\kappa}\frac{\varpi^2}{(1-\varpi)^2}\left[\beta^2 - 2\beta + 1 - \frac{(2NV - q\kappa)q\kappa(1-\varpi)^2}{4\beta^2N^2V^2}\right] \tag{5.13}$$

求解可得式（5.13）大于 0 的解为

$$\begin{cases} \dfrac{g}{2NV-g}<\theta<1, \quad \varpi<\beta<\dfrac{2\varpi}{1+\varpi} \\ \dfrac{g}{2NV}<\varpi<\dfrac{g}{2NV-g}, \quad \varpi<\beta<1-\dfrac{(1-\varpi)g}{2NV\varpi} \end{cases}$$

当乘客购买意愿$\dfrac{V}{\kappa}\in\left[\dfrac{1-\varpi}{2(\beta-\varpi)},+\infty\right)$时，价格承诺不能有效实施，航空公司将选择传统销售策略。

证毕。

由定理 5.3 可知，当航空公司降价幅度较大且乘客策略程度较小时，价格承诺机制优于传统定价策略。其经济意义很明显，降价幅度较大意味着航空公司周期 2 制定的价格较高，乘客更可能在周期 1 购买，同时乘客策略程度较小也表明乘客延迟购买的可能性较小，这共同使得价格承诺下航空公司的收益更大。此外，在乘客购买意愿较小情况下，当航空公司降价幅度位于一定范围时，价格承诺可以吸引一部分偏好较小的乘客在周期 2 购买，此时价格承诺机制对传统销售策略的收益差恒大于 0，即价格承诺机制能够有效缓解乘客策略行为对航空公司收益的影响。

推论 5.2 $\Delta\pi$ 随着 β 增加而减小，随着 ϖ 增加而增加。特别地，当 $\Delta\pi>0$ 时，$\Delta\pi$ 随着$\dfrac{V}{\kappa}$的增加而增加。

证明 当乘客购买意愿$\dfrac{V}{\kappa}\in\left[\dfrac{1}{2},\dfrac{q}{N}\right)$时，对式（5.12）求关于 β 的导数，得

$$\frac{\partial\Delta\pi}{\partial\beta}=-\frac{2(1-\beta)\varpi^2}{(1-\varpi)^2\kappa}V^2N<0$$

当乘客购买意愿$\dfrac{V}{\kappa}\in\left[\dfrac{q}{N},\dfrac{1-\varpi}{2(\beta-\varpi)}\right)$时，对式（5.13）求关于 β 的导数，得

$$\frac{\partial\Delta\pi}{\partial\beta}=-\frac{2(1-\beta)\varpi^2}{(1-\varpi)^2\kappa}V^2N<0$$

当$\dfrac{V}{\kappa}=\dfrac{q}{N}$时，式（5.12）和式（5.13）相等。因此，$\Delta\pi$ 关于 β 单调递减。同理，对式（5.12）和式（5.13）求关于 ϖ 的导数，可得 $\Delta\pi$ 关于 ϖ 单调递增。

当乘客购买意愿$\dfrac{V}{\kappa}\in\left[\dfrac{1}{2},\dfrac{q}{N}\right)$时，由 $\Delta\pi>0$ 得到

$$\beta^2-2\beta+1-\left(\frac{1-\varpi}{2\varpi}\right)^2>0$$

对式（5.12）求关于$\frac{V}{\kappa}$的导数，得

$$\frac{\partial \Delta\pi}{\partial \frac{V}{\kappa}} = NV\frac{2\varpi^2}{(1-\varpi)^2}\left[\beta^2 - 2\beta + 1 - \left(\frac{1-\varpi}{2\varpi}\right)^2\right] > 0$$

当乘客购买意愿$\frac{V}{\kappa} \in \left[\frac{q}{N}, \frac{1-\varpi}{2(\beta-\varpi)}\right)$时，由$\Delta\pi > 0$得到

$$\beta^2 - 2\beta + 1 - \frac{(2NV - q\kappa)q\kappa(1-\varpi)^2}{4N^2V^2\varpi^2} > 0$$

又有$VN > q\kappa$，得

$$\frac{(2NV - q\kappa)q\kappa(1-\varpi)^2}{4N^2V^2\varpi^2} > \frac{q\kappa(1-\varpi)^2}{4NV\varpi^2}$$

对式（5.13）求关于$\frac{V}{\kappa}$的导数，得

$$\frac{\partial \Delta\pi}{\partial \frac{V}{\kappa}} = NV\frac{2(1-\beta)^2\varpi^2}{(1-\varpi)^2} - \frac{q\kappa}{2}$$

$$= NV\frac{2\varpi^2}{(1-\varpi)^2}\left[\beta^2 - 2\beta + 1 - \frac{q\kappa(1-\varpi)^2}{4NV\varpi^2}\right] > 0$$

证毕。

推论 5.2 表明，乘客策略程度越大或降价幅度越小，价格承诺机制越有效。特别地，在价格承诺实施的条件下，乘客购买意愿越强，价格承诺机制缓解乘客策略行为的效果越明显。

5.4 算例分析

本节将通过数值模拟分析价格承诺机制的有效性和乘客策略程度、航空公司降价幅度对该策略有效性的影响。假定$q = 0.8$，$N = 1$，$\kappa = 1$。

5.4.1 价格承诺有效性分析

取两组不同的β、ϖ值使策略程度和降价幅度位于不同范围，其中组 1 取值为$\beta = 0.66$、$\varpi = 0.63$，组 2 取值为$\beta = 0.52$、$\varpi = 0.46$，用算例验证价格承诺机制的有效性，得到的结果如图 5.1 所示。

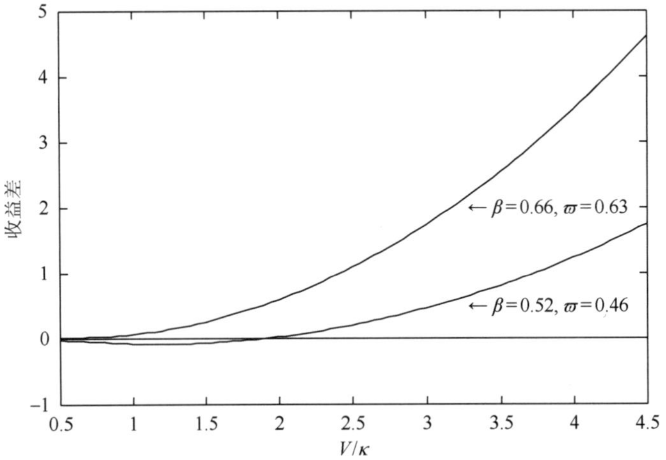

图 5.1　不同 V/κ 下航空公司的收益差

从图 5.1 中可以看出以下几个方面。

（1）在 $\beta=0.66$ 、$\varpi=0.63$ 情况下，航空公司在价格承诺机制下的收益总是大于传统销售下的收益，即价格承诺机制可以增加航空公司的收益，可以有效地缓解乘客的策略行为对航空公司收益的影响。同时，乘客购买意愿越强，价格承诺与传统销售的收益差越大，即价格承诺越有效。

（2）在 $\beta=0.52$ 、$\varpi=0.46$ 情况下，收益差随着乘客购买意愿的增加呈现出先减后增的趋势。当 $\frac{V}{\kappa}\in[0,1.89)$ 时，$\Delta\pi<0$，此时价格承诺机制无效，这是因为乘客购买意愿太低使得效用过低而更可能等待至周期 2 购买，同时 ϖ 太小即周期 2 制定的价格太低使得收益减少，这表明此时的价格承诺机制不能完全缓解乘客的策略行为带来的影响；当 $\frac{V}{\kappa}\in[1.89,4.5]$ 时，$\Delta\pi>0$，这是因为乘客的购买意愿足够强使得航空公司更能够制定高价以获得更大收益，此时价格承诺机制具有有效性，且其有效性随着乘客购买意愿的增加而增加。

5.4.2　策略程度与降价幅度对价格承诺有效性的影响

假设乘客对机票的估值 $V=0.8$，考察策略程度和降价幅度对价格承诺机制的影响，得到的结果如图 5.2 所示。

从图 5.2 中可以看出以下几点。

（1）在特定的乘客购买意愿下，对任意的乘客购买意愿和航空公司降价幅度，航空公司在价格承诺下的收益总是大于或等于传统销售下的收益。

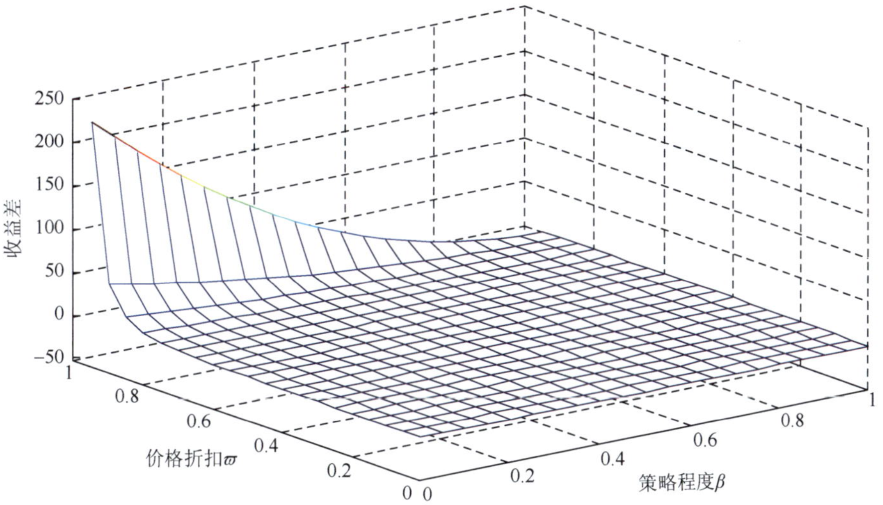

图 5.2　不同 β 、 ϖ 下航空公司的收益差

（2）当航空公司降价幅度较小时，乘客策略程度的变化对收益的增加值 $\Delta\pi$ 影响不大，即价格承诺机制可以有效地缓解乘客的策略行为对航空公司收益的影响；当航空公司降价幅度较大时，乘客策略程度越大，价格承诺对传统销售的收益增加值越小，即价格承诺策略有效性降低。

（3）当乘客策略程度不变时，航空公司降价幅度越大，价格承诺对传统销售的收益增加值越大，即价格承诺策略的有效性越明显。

5.5　本 章 小 结

本章在乘客具有策略行为的假设下，引入价格承诺销售机制，探讨航空公司在该机制下的定价，同时研究该机制能否缓解乘客的策略行为。通过建立 Hotelling 模型，对比分析了竞争环境下航空公司在传统销售和价格承诺两种定价方法下的收益，得出了价格承诺的有效范围，最后利用算例验证了价格承诺机制的有效性，并分析了乘客购买意愿、策略程度以及航空公司降价幅度对该机制有效性的影响。结果表明：

（1）当航空公司降价幅度较大且乘客策略程度较小时，乘客更可能在高价期购买，此时价格承诺可以使航空公司获得更大的收益，该结论为航空公司实施价格承诺机制提供了理论支撑；反之，在航空公司降价幅度较小或乘客策略程度较大时，该策略不能完全抵消乘客策略行为带来的影响；

（2）在乘客购买意愿较小情况下，当航空公司降价幅度位于一定范围时，价格承诺可以吸引部分效用较小的乘客在周期 2 购买，此时价格承诺机制对传统销售策略的收益差恒大于 0，即价格承诺机制能够有效缓解乘客策略行为对航空公司收益的影响；

（3）航空公司降价幅度越大，或乘客策略程度越小，价格承诺机制越优于传统销售策略。特别地，在价格承诺实施的条件下，乘客购买意愿越强，价格承诺机制缓解乘客策略行为的效果越明显。

第三篇　需求不确定

传统的关于收益管理动态定价策略的研究大都利用随机模型来刻画不确定需求，并假定该概率模型是已知的，如 Feng 和 Xiao（2008）、Zhang 和 Cooper（2009），或决策者往往并不具有需求模型的完全信息，但顾客是短视的，如 Farias 和 Roy（2006）、Papier 和 Thonemann（2010）。本篇将放宽这一假设，研究航空公司在需求不确定下面对乘客策略行为时，如何实行动态定价以使期望收益最大。针对乘客到达率不确定和乘客估价不确定分别建立动态定价模型，并引入需求学习和模糊销售机制来减少乘客策略行为对航空公司收益的影响。

第 6 章　乘客策略行为下考虑需求学习的航空客运动态定价策略研究

前面几章的研究均假设需求确定，其需求函数往往以历史数据统计为依据，但实际需求函数参数的大小与乘客的时间选择偏好有关，实际模型和估计模型存在误差，“需求不确定”由此产生。航空市场决策时需求不确定主要来自五个方面：①乘客的到达率不确定；②乘客的数量和到达市场的时间不确定；③乘客的估价不确定；④乘客的购买决定不确定；⑤市场的情况不确定。在价格的制定过程中，乘客数量直接影响机票的价格。因此本章将尝试在乘客数量不确定下，研究乘客具有策略行为时航空公司的定价及应对机制。

6.1　引　　言

现实生活中，对于决策者需求往往是不确定的。当面临需求不确定和市场变化时，航空公司必须综合考虑所有因素来决定机票的初始价格和销售数量，并随着时间和市场需求的变化调整机票价格，以获取最大收益。针对需求不确定，在价格决定过程中，往往假定需求函数形式可以通过以往统计数据获得，但函数中的某些参数未知，决策者需要通过不断销售产品取得新的市场信息，对参数不断调整。

目前关于需求学习的研究往往假设乘客是短视的，例如，Aviv 和 Pazgal（2008）假设需求分布服从到达率未知的马尔可夫随机过程，通过建立严格上限函数的贝叶斯需求学习动态定价模型，分析了贝叶斯需求学习的有效性。Lin（2006）研究了需求函数服从泊松分布的动态定价问题，但强度未知。通过对顾客到达数据的收集和更新，证明了剩余销售期内的顾客到达率服从参数已知的二项分布，这个已知参数为先验到达数据。Xu 和 Hopp（2010）研究需求分布为马尔可夫随机过程的动态定价问题，通过假定顾客到达率或购买概率未知，分析得出零售商通过积极的需求学习可以使最优价格阈值点序列的精确程度提高，从而增加收益。Talebian 等（2014）研究了缺乏统计数据时新产品的动态定价策略。通过假设需求服从选择概率未知的 Gamma 分布，建立了需求学习动态定价模型，并分析得出在特定选择概率的基础上进行需求学习，收益最多可增加 30%。

也有少量文献将需求学习和策略顾客行为相结合进行研究，例如 Levina 等（2009）假定需求分布服从产品销售概率未知的伯努利随机过程，通过建立贝叶斯需求学习模型，提出了计算后验概率的聚合算法，并分析了模型的有效性。李小翠和张玉林（2012）引入基于贝叶斯理论的需求学习、未进行需求学习和完全信息的定价模型，得出了相应的最优定价策略，证明了最优价格策略是一条降价路径。但是文章假定销售周期只有两周期，没有完全考虑价格随时间变化的动态过程。本章将贝叶斯需求学习动态定价模型扩展到乘客具有策略行为的市场环境下。通过假设航空公司不能确切获取乘客的到达率，建立了针对策略乘客到达率进行学习的多周期动态定价模型，并分析了需求学习的有效性。本章的研究可为决策者在策略乘客和需求不确定下的价格优化决策提供理论依据。

6.2 问题描述和假设

假定市场上只有一个航空公司，在 $[0,T]$ 的时间内出售 q 张机票，0 表示销售期开始，T 表示飞机起飞。由于乘客的到达是一个相对分散的过程，类似于 Levin 和 McGill（2009a）、Aviv 和 Pazgal（2008），假定 $[0,T]$ 是由 T 个离散周期组成的，每个周期最多只有一个乘客到达。市场需求不确定，即航空公司不了解每个周期乘客到达率的具体值，只能通过已购买机票的乘客人数对未来乘客的到达率进行估计。航空公司通过对需求的学习，制定机票价格来获得收益的最大化。

假定乘客的总数为 N。乘客到达服从参数为 λ 的伯努利随机过程，即在任意时刻 t，$t\in[0,T)$，乘客到达的概率为 λ，没有乘客到达的概率为 $1-\lambda$。乘客到达市场后，根据航空公司提供的机票价格信息，比较当前与未来购买的效用，决定立即购买或等待降价后购买。乘客通过选择购买时间来获得最大化的效用，因此具有策略性。航空公司和乘客的博弈如图 6.1 所示。

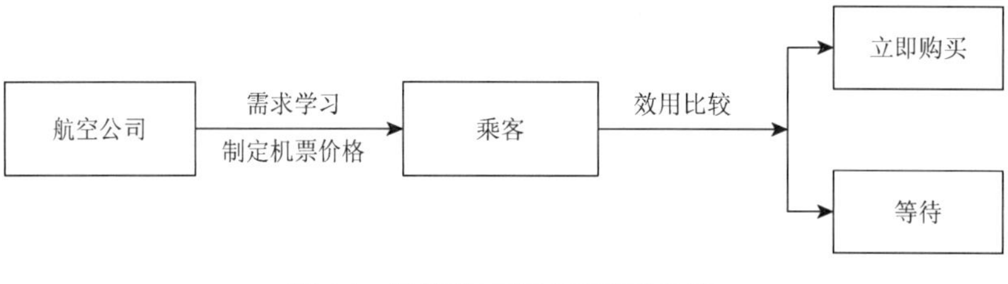

图 6.1 航空公司和乘客博弈分析

本章的符号约定如下。

λ：乘客的实际到达率。

n：已购买机票的乘客人数。

V：乘客的保留价。其大小是乘客的私有信息，航空公司只知保留价的分布函数。

$F(V)$：乘客的保留价分布函数，概率密度函数为 $f(V)$。

$p(t,n)$：任意 t 周期，已购买机票人数为 n 时，机票的销售价格，简记为 $p_{t,n}$ 或 p_t。

$\rho(t,n,p_{t,n},X)$：t 期当有 n 个乘客已到达、机票价格为 $p_{t,n}$ 时，乘客购买机票的概率，简记为 ρ。

$u(V-p_{t,n})$：机票价格为 $p_{t,n}$ 时，到达市场的乘客立即购买机票的效用函数。

$U(t,n)$：表示任意的 t 期，当已购票的乘客数量为 n 时，乘客在 t 到 T 期决策的期望总效用。

$\pi(t,n)$：表示任意的 t 期，已购票的乘客数量为 n 时，航空公司在 t 到 T 期的期望总收益。

本章的假设如下。

假设 1　在特定时间 t 和已购买机票的乘客人数 n 下，航空公司在每个销售期初对 λ 进行估计，其值定义为 $\bar{\lambda}_t(n)$，简记为 $\bar{\lambda}_t$。随着销售期的进行，根据市场销售信息的积累不断调整 $\bar{\lambda}_t$ 的值。航空公司除了到达率外，具有完全的市场信息。

假设 2　乘客保留价的分布函数 $F(V)$ 连续可微，且严格递增，不随时间的变化而变化。$F(V)$ 具有反函数 $\bar{F}^{-1}(\cdot)$。

假设 2 表明，由于机票服务交付期在销售期末且乘客种类很多（高需求、低需求等），因此乘客的保留价表现出不确定性。保留价越大，在价格相同的情况下乘客购买机票的效用越大。而与 Gallego 和 van Ryzin（1994）等文献类似，假定 $F(V)$ 连续可微等性质是收益管理的一个基本假设。

假设 3　假设对于所有乘客，$u(V-p_{t,n})$ 均相同，且 $u(V-p_{t,n})$ 是关于变量 $V-p_{t,n}$ 的增函数，有反函数 $u^{-1}(\cdot)$，$u(V-p_{t,n})\geqslant 0$ 且 $u(0)=0$。

假设 3 表明在保留价一定的情况下，机票价格越低，乘客购买机票的效用就越高。在机票价格一定的情况下，保留价越大，乘客购买机票的效用就越高。

6.3　基 本 模 型

考虑在任意时刻 t，$t\in[0,T)$。由于 λ 的值不确定，航空公司只能根据以往的销售经验和已到达市场的乘客人数对 λ 进行估计。根据 Aviv 和 Pazgal（2008）的研究，假设对 λ

的估计服从参数为 α 和 τ 的 Beta 分布，其密度函数为

$$f(\lambda)=\frac{\Gamma(\alpha+\tau)}{\Gamma(\alpha)\cdot\Gamma(\tau)}\lambda^{\alpha-1}(1-\lambda)^{\tau-1}，\quad 0<\lambda<1 \tag{6.1}$$

其中，α 和 τ 表示先验估计参数，可以根据以往销售经验确定，$\alpha,\tau>0$。α 和 τ 的值越大说明以往的市场销售能提供的信息越多。其中，如果 $\alpha=\tau=1$，那么 $f(\lambda)=\frac{\Gamma(2)}{\Gamma(1)\cdot\Gamma(1)}$，这时的密度函数称为 Laplace 先验，主要在决策者没有销售的数据或市场调研不充分时采用。$\Gamma(\cdot)$ 为 Gamma 函数，其表达式为

$$\Gamma(x)=\int_0^{+\infty}t^{x-1}\mathrm{e}^{-t}\mathrm{d}t$$

根据式（6.1），λ 的均值为 $E(\lambda)=\frac{\alpha}{\alpha+\tau}$。

进行 λ 的先验估计后，航空公司可根据当期乘客是否购买的信息（n 的值）进行调整，并以调整值作为下一周期决策的估计值。根据贝叶斯后验概率公式可得 λ 的后验概率密度为

$$\begin{aligned}f(\lambda|n)&=\frac{C_t^n\lambda^n(1-\lambda)^{t-n}\dfrac{\Gamma(\alpha+\tau)}{\Gamma(\alpha)\cdot\Gamma(\tau)}\lambda^{\alpha-1}(1-\lambda)^{\tau-1}}{\int_0^1 C_t^n\lambda^n(1-\lambda)^{t-n}\dfrac{\Gamma(\alpha+\tau)}{\Gamma(\alpha)\cdot\Gamma(\tau)}\lambda^{\alpha-1}(1-\lambda)^{\tau-1}\mathrm{d}\lambda}\\&=\frac{\lambda^{\alpha+n-1}(1-\lambda)^{t+\tau-n-1}}{\dfrac{\Gamma(\alpha+n)\cdot\Gamma(t+\tau-n)}{\Gamma(\alpha+\tau+t)}}\end{aligned} \tag{6.2}$$

式（6.2）的期望为 $\bar{\lambda}_t=\frac{n+(\alpha+\tau)E(\lambda)}{t+\alpha+\tau}=\frac{n+\alpha}{t+\alpha+\tau}$。航空公司将 $\bar{\lambda}_t$ 作为乘客到达率的估计值。

下面分析乘客决策的效用。当市场上已购买机票的乘客数量为 n、机票价格为 $p_{t,n}$ 时，如果未购买机票的乘客到达市场后立即购买机票，其效用为 $E_V[u(V-p_{t,n})]$；由于乘客具有策略性，那么在到达市场后也会选择等待，此时其期望效用为 $E_V[\beta U(t+1,n)]$，综上，未购买机票的乘客期望总效用为

$$U(t,n)=\max_{\rho}E_V\{[\rho u(V-p_{t,n})+(1-\rho)\beta U(t+1,n)]\} \tag{6.3}$$

式（6.3）的边界条件为：

（1）$U(T,n)=0$，$\forall n$；

（2）$U(T,N)=0$。

通过求解式（6.3）可得 ρ^* 为

$$\rho^* = \begin{cases} 1, & u(V - p_{t,n}) \geqslant \beta U(t+1,n) \\ 0, & u(V - p_{t,n}) < \beta U(t+1,n) \end{cases} \tag{6.4}$$

式（6.4）表明，任意的 t 期，策略乘客的决策以当前和未来效用的比较为依据。如果当前购买的效用大于折现后未来购买的效用，乘客选择立即购买。反之，乘客选择等待。而条件 $u(V - p_{t,n}) \geqslant \beta U(t+1,n)$ 发生的概率为

$$\begin{aligned} & P[u(V - p_{t,n}) \geqslant \beta U(t+1,n)] \\ & = P\{V \geqslant p_{t,n} + u^{-1}[\beta U(t+1,n)]\} \\ & = \bar{F}\{p_{t,n} + u^{-1}[\beta U(t+1,n)]\} \end{aligned} \tag{6.5}$$

由此可知，在其他参数不变的情况下，乘客到达市场后立即购买机票的概率随价格 $p_{t,n}$、策略程度 β 的增加而减小。为了方便后面讨论，令 $\omega_{t,n,p_{t,n}} = p_{t,n} + u^{-1}[\beta U(t+1,n)]$。

由以上分析可得在任意时刻 t 到 T 时航空公司的期望总收益。当已购买机票的乘客人数为 n 时（$t \neq T$，$n \neq N$），如果航空公司提供价格 $p_{t,n}$，当乘客到达市场并且立即购买机票时，航空公司的期望收益为 $\bar{\lambda}_t \bar{F}(\omega_{t,n,p_{t,n}})[p_{t,n} + \pi(t+1,n+1)]$；当乘客到达市场但选择在市场上等待时，航空公司的期望收益为 $\bar{\lambda}_t[1 - \bar{F}(\omega_{t,n,p_{t,n}})]\pi(t+1,n)$；当没有乘客到达市场，航空公司的期望收益为 $(1-\bar{\lambda}_t)\pi(t+1,n)$。综上可得

$$\pi(t,n) = \bar{\lambda}_t \max_{p_{t,n}} \{\bar{F}(\omega_{t,n,p_{t,n}})[p_{t,n} + \pi(t+1,n+1)] + [1 - \bar{F}(\omega_{t,n,p_{t,n}})]\pi(t+1,n)\} + (1-\bar{\lambda}_t)\pi(t+1,n) \tag{6.6}$$

式（6.6）的边界条件为：

（1）$\pi(T,n) = 0$，$\forall n$；

（2）当 $q \geqslant N$ 时，$\pi(t,N) = 0$；$q < N$ 时，$\pi(t,q) = 0$，$\forall t$。

6.4　最优定价策略及其性质分析

由式（6.6）可以直接得到航空公司最优定价的充分条件，具体如下。

定理 6.1　假定 $\dfrac{\bar{F}(\omega_{t,n,p_{t,n}})^2}{f(\omega_{t,n,p_{t,n}})}$ 是 $p_{t,n}$ 的减函数，那么最优价格所满足的方程式为

$$p^*_{t,n} - \frac{\bar{F}(\omega_{t,n,p^*_{t,n}})}{f(\omega_{t,n,p^*_{t,n}})} = \pi(t+1,n) - \pi(t+1,n+1) \tag{6.7}$$

证明　式（6.6）求关于 $p_{t,n}$ 的一阶导数并令其等于 0，得

$$\frac{\partial \pi(t,n)}{\partial p_{t,n}} = \bar{\lambda}_t\{-f(\omega_{t,n,p_{t,n}})[\pi(t+1,n+1) + p_{t,n}] + \bar{F}(\omega_{t,n,p_{t,n}}) - f(\omega_{t,n,p_{t,n}})\pi(t+1,n)\} = 0$$

化简可得

$$p_{t,n}^{*}-\frac{\bar{F}(\omega_{t,n,p_{t,n}^{*}})}{f(\omega_{t,n,p_{t,n}^{*}})}=\pi(t+1,n)-\pi(t+1,n+1)$$

式（6.6）求关于 $p_{t,n}$ 的二阶导数得

$$\frac{\partial^2\pi(t,n)}{\partial p_{t,n}{}^2}=\bar{\lambda}_t\{-f'(\omega_{t,n,p_{t,n}})[\pi(t+1,n+1)+p_{t,n}-\pi(t+1,n)]-2f(\omega_{t,n,p_{t,n}})\}$$

$$=\bar{\lambda}_t\left[-\frac{f'(\omega_{t,n,p_{t,n}})\bar{F}(\omega_{t,n,p_{t,n}})}{f(\omega_{t,n,p_{t,n}})}-2f(\omega_{t,n,p_{t,n}})\right]$$

因为 $\frac{\bar{F}(\omega_{t,n,p_{t,n}})^2}{f(\omega_{t,n,p_{t,n}})}$ 是 $p_{t,n}$ 的减函数，所以

$$\left[\frac{\bar{F}(\omega_{t,n,p_{t,n}})^2}{f(\omega_{t,n,p_{t,n}})}\right]'=-\frac{2\bar{F}(\omega_{t,n,p_{t,n}})}{f(\omega_{t,n,p_{t,n}})}\frac{f'(\omega_{t,n,p_{t,n}})\bar{F}(\omega_{t,n,p_{t,n}})-2f^2(\omega_{t,n,p_{t,n}})}{f(\omega_{t,n,p_{t,n}})}<0$$

因此

$$-\frac{f'(\omega_{t,n,p_{t,n}})\bar{F}(\omega_{t,n,p_{t,n}})-2f^2(\omega_{t,n,p_{t,n}})}{f(\omega_{t,n,p_{t,n}})}<0$$

所以有 $\frac{\partial^2\pi(t,n)}{\partial p_{t,n}{}^2}<0$，从而式（6.6）有唯一最优解。

证毕。

定理 6.1 表明，使得 $\pi(t,n)$ 最大的价格应满足式（6.7），这为航空公司求解最优价格提供了理论依据。定理 6.1 的条件在航空公司定价实践中比较常见，因为 Diego（2014）以及 Li 等（2015）经过实证分析表明，在需求稳定状态下（即需求平稳，没有出现大幅波动），航空需求的分布函数为均匀分布或指数分布，这些分布函数大多满足定理 6.1 中的条件。但航空需求不可能一直保持平稳（如暑期客运、旅游旺季等均可以看作需求非稳定状态），那么在非稳定状态下最优价格的求解，只能通过一维搜索的方法进行。这时可以通过分析价格的结构性质来减少搜索空间。

首先为了方便讨论，将式（6.6）进行变换，并令

$$p_{t,n}^{*}(A)=\arg\max_{p_{t,n}}[\omega_{t,n,p_{t,n}}(-A+p_{t,n})]$$

$$g(A)=\max_{p_{t,n}}[\omega_{t,n,p_{t,n}}(-A+p_{t,n})]$$

其中，$A=\pi(t+1,n)-\pi(t+1,n+1)$。

引理 6.1 在任意一期 t，① $p_t^{*}(A)$ 随 A 的增加而非减；② $g(A)$ 随 A 的增加而非增。

证明　（1）假设 $A>B$。假设在 A 下 $g(A)$ 的最优解为 $p_{t,n}^*(A)$，在 B 下 $g(B)$ 的最优解为 $p_{t,n}^*(B)$。由 $p_{t,n}^*(B)$ 的最优性得

$$\bar{F}(\omega_{t,n,p_{t,n}^*(A)})[-B+p_{t,n}^*(A)]\leqslant \bar{F}(\omega_{t,n,p_{t,n}^*(B)})[-B+p_{t,n}^*(B)]$$

采用反证法，假设 $p_{t,n}^*(B)>p_{t,n}^*(A)$，所以有 $\bar{F}(\omega_{t,n,p_{t,n}^*(B)})<\bar{F}(\omega_{t,n,p_{t,n}^*(A)})$。因此

$$\begin{aligned}&\bar{F}(\omega_{t,n,p_{t,n}^*(A)})[-B+p_{t,n}^*(A)]-\bar{F}(\omega_{t,n,p_{t,n}^*(B)})[-B+p_{t,n}^*(B)]\\=&\bar{F}(\omega_{t,n,p_{t,n}^*(A)})[-A+p_{t,n}^*(A)]-\bar{F}(\omega_{t,n,p_{t,n}^*(B)})[-A+p_{t,n}^*(B)]+(B-A)[\bar{F}(\omega_{t,n,p_{t,n}^*(B)})-\bar{F}(\omega_{t,n,p_{t,n}^*(A)})]\end{aligned}$$

由 $p_{t,n}^*(A)$ 的最优性有

$$\bar{F}(\omega_{t,n,p_{t,n}^*(A)})[-A+p_{t,n}^*(A)]-\bar{F}(\omega_{t,n,p_{t,n}^*(B)})[-A+p_{t,n}^*(B)]\geqslant 0$$

而由假设可知

$$(B-A)[\bar{F}(\omega_{t,n,p_{t,n}^*(B)})-\bar{F}(\omega_{t,n,p_{t,n}^*(A)})]\geqslant 0$$

所以

$$\bar{F}(\omega_{t,n,p_{t,n}^*(A)})[-A+p_{t,n}^*(A)]-\bar{F}(\omega_{t,n,p_{t,n}^*(B)})[-A+p_{t,n}^*(B)]+(B-A)[\bar{F}(\omega_{t,n,p_{t,n}^*(B)})-\bar{F}(\omega_{t,n,p_{t,n}^*(A)})]\geqslant 0$$

与前述假设相矛盾。所以 $p_{t,n}^*(A)$ 随 A 的增加而非减。

（2）假设 $A>B$，所以

$$\begin{aligned}g(A)=\bar{F}(\omega_{t,n,p_{t,n}^*(A)})[-A+p_{t,n}^*(A)]&\leqslant \bar{F}(\omega_{t,n,p_{t,n}^*(A)})[-B+p_{t,n}^*(A)]\\&\leqslant \max_p\{\bar{F}(\omega_{t,n,p_{t,n}^*(B)})[-B+p_{t,n}^*(B)]\}=g(B)\end{aligned}$$

其中，第一个不等式是因为 $A>B$，所以 $-A<-B$；第二个不等式是因为 $p_{t,n}^*(B)$ 的最优性，所以 $g(A)$ 随 A 的增加而非增。

证毕。

作为本章辅助结论，引理 6.1 有助于后面讨论 $\pi(t,n)$ 的结构性质以及价格的变化趋势。

定理 6.2　对任意的 t，$\pi(t,n)$ 是 n 的凹函数。

证明　为了方便讨论，令

$$p_{t,n}=\arg\max_{p_{t,n}}\bar{\lambda}_t(n)\{\bar{F}(\omega_{t,n,p_{t,n}})[p_{t,n}+\pi(t,n+1)]+[1-\bar{F}(\omega_{t,n,p_{t,n}})]\pi(t,n)\}+[1-\bar{\lambda}_t(n)]\pi(t,n)$$

$$\begin{aligned}p_{t,n+1}=&\arg\max_{p_{t,n+1}}\bar{\lambda}_t(n+1)\{\bar{F}(\omega_{t,n+1,p_{t,n+1}})[p_{t,n+1}+\pi(t,n+2)]+[1-\bar{F}(\omega_{t,n+1,p_{t,n+1}})]\pi(t,n+1)\}\\&+[1-\bar{\lambda}_t(n+1)]\pi(t,n+1)\end{aligned}$$

$$\begin{aligned}p_{t,n-1}=&\arg\max_{p_{t,n-1}}\bar{\lambda}_t(n-1)\{\bar{F}(\omega_{t,n-1,p_{t,n-1}})[p_{t,n-1}+\pi(t,n)]+[1-\bar{F}(\omega_{t,n-1,p_{t,n-1}})]\pi(t,n-1)\}\\&+[1-\bar{\lambda}_t(n-1)]\pi(t,n-1)\end{aligned}$$

表示 t 期当已购买机票的乘客数量分别为 n、$n+1$ 和 $n-1$ 时，$\pi(t,n)$、$\pi(t,n+1)$ 和 $\pi(t,n-1)$ 的最优定价。

采用数学归纳法证明，在 T 期有

$$\pi(T,n)=0$$

在 $T-1$ 期有

$$\pi(T-1,n)=\bar{\lambda}_t\max_{p_{T-1,n}}\{\bar{F}(\omega_{T-1,n,p_{T-1,n}})[p_{T-1,n}+\pi(T,n+1)]+[1-\bar{F}(\omega_{T-1,n,p_{T-1,n}})]\pi(T,n)\}$$
$$+(1-\bar{\lambda}_t)\pi(T,n)=\frac{n+\alpha}{T-1+\alpha+\tau}\max_{p_{T-1,n}}[\bar{F}(\omega_{T-1,n,p_{T-1,n}})p_{T-1,n}]$$

同理可得

$$\pi(T-1,n+1)=\frac{n+1+\alpha}{T-1+\alpha+\tau}\max_{p_{T-1,n+1}}[\bar{F}(\omega_{T-1,n+1,p_{T-1,n+1}})p_{T-1,n+1}]$$
$$\pi(T-1,n-1)=\frac{n+1+\alpha}{T-1+\alpha+\tau}\max_{p_{T-1,n-1}}[\bar{F}(\omega_{T-1,n-1,p_{T-1,n-1}})p_{T-1,n-1}]$$

那么

$$\begin{aligned}&2\pi(T-1,n)-\pi(T-1,n+1)-\pi(T-1,n-1)\\&=2\frac{n+\alpha}{T-1+\alpha+\tau}\bar{F}(\omega_{T-1,n,p_{T-1,n}})p_{T-1,n}-\frac{n+1+\alpha}{T-1+\alpha+\tau}\bar{F}(\omega_{T-1,n+1,p_{T-1,n+1}})p_{T-1,n+1}-\frac{n-1+\alpha}{T-1+\alpha+\tau}\\&\quad\cdot\bar{F}(\omega_{T-1,n-1,p_{T-1,n-1}})p_{T-1,n-1}\\&\geqslant 2\frac{n+\alpha}{T-1+\alpha+\tau}\bar{F}(\omega_{T-1,n,p_{T-1,n}})p_{T-1,n}-\frac{n+1+\alpha}{T-1+\alpha+\tau}\bar{F}(\omega_{T-1,n,p_{T-1,n}})p_{T-1,n}-\frac{n-1+\alpha}{T-1+\alpha+\tau}\\&\quad\cdot\bar{F}(\omega_{T-1,n,p_{T-1,n}})p_{T-1,n}\\&=\bar{F}(\omega_{T-1,n,p_{T-1,n}})p_{T-1,n}\left(2\frac{n+\alpha}{T-1+\alpha+\tau}-\frac{n+1+\alpha}{T-1+\alpha+\tau}-\frac{n-1+\alpha}{T-1+\alpha+\tau}\right)\\&=0\end{aligned}$$

其中，不等式是由于 $p_{T-1,n}$ 为 $\pi(T-1,n)$ 的最优价格，所以有

$$\frac{n+1+\alpha}{T-1+\alpha+\tau}\bar{F}(\omega_{T-1,n+1,p_{T-1,n+1}})p_{T-1,n+1}\geqslant\frac{n+\alpha}{T-1+\alpha+\tau}\bar{F}(\omega_{T-1,n,p_{T-1,n}})p_{T-1,n}$$
$$\frac{n-1+\alpha}{T-1+\alpha+\tau}\bar{F}(\omega_{T-1,n-1,p_{T-1,n-1}})p_{T-1,n-1}\geqslant\frac{n+\alpha}{T-1+\alpha+\tau}\bar{F}(\omega_{T-1,n,p_{T-1,n}})p_{T-1,n}$$

所以在 $T-1$ 期，$\pi(T-1,n)$ 是 n 的凹函数。

假设在任意的 $t+1,t+2,\cdots,T$ 期，$\pi(t,n)$ 均是 n 的凹函数。

$$\begin{aligned}&2\pi(t,n)-\pi(t,n+1)-\pi(t,n-1)\\&=2\pi(t+1,n)-\pi(t+1,n+1)-\pi(t+1,n-1)+2\frac{n+\alpha}{t+\alpha+\tau}\bar{F}(\omega_{t,n,p_{t,n}})[p_{t,n}+\pi(t+1,n+1)\\&\quad-\pi(t+1,n)]-\frac{n+1+\alpha}{t+\alpha+\tau}\bar{F}(\omega_{t,n+1,p_{t,n+1}})[p_{t,n+1}+\pi(t+1,n+2)-\pi(t+1,n+1)]\\&\quad-\frac{n-1+\alpha}{t+\alpha+\tau}\bar{F}(\omega_{t,n-1,p_{t,n-1}})[p_{t,n-1}+\pi(t+1,n)-\pi(t+1,n-1)]\end{aligned}$$

$$
\begin{aligned}
&\geqslant 2\pi(t+1,n)-\pi(t+1,n+1)-\pi(t+1,n-1)+2\frac{n+\alpha}{t+\alpha+\tau}\bar{F}(\omega_{t,n,p_{t,n}})[p_{t,n}+\pi(t+1,n+1)\\
&\quad-\pi(t+1,n)]-\frac{n+1+\alpha}{t+\alpha+\tau}\bar{F}(\omega_{t,n,p_{t,n}})[p_{t,n}+\pi(t+1,n+2)-\pi(t+1,n+1)]\\
&\quad-\frac{n-1+\alpha}{t+\alpha+\tau}\bar{F}(\omega_{t,n,p_{t,n}})[p_{t,n}+\pi(t+1,n)-\pi(t+1,n-1)]\\
&=\frac{n+1+\alpha}{t+\alpha+\tau}\{\bar{F}(\omega_{t,n,p_{t,n}})[p_{t,n}+\pi(t+1,n+1)-\pi(t+1,n)]-\bar{F}(\omega_{t,n,p_{t,n}})[p_{t,n}+\pi(t+1,n+2)\\
&\quad-\pi(t+1,n+1)]\}+\frac{n-1+\alpha}{t+\alpha+\tau}\{\bar{F}(\omega_{t,n,p_{t,n}})[p_{t,n}+\pi(t+1,n+1)-\pi(t+1,n)]\\
&\quad-\bar{F}(\omega_{t,n,p_{t,n}})[p_{t,n}+\pi(t+1,n)-\pi(t+1,n-1)]\}+2\pi(t+1,n)-\pi(t+1,n+1)-\pi(t+1,n-1)\\
&=\frac{n+1+\alpha}{t+\alpha+\tau}\{\bar{F}(\omega_{t,n,p_{t,n}})[2\pi(t+1,n+1)-\pi(t+1,n)]-\pi(t+1,n+2)\}\\
&\quad+\left[1-\frac{n-1+\alpha}{t+\alpha+\tau}\bar{F}(\omega_{t,n,p_{t,n}})\right][2\pi(t+1,n)-\pi(t+1,n-1)-\pi(t+1,n+1)]\\
&\geqslant 0
\end{aligned}
$$

其中，第一个不等式是由于 $p_{t,n+1}$ 和 $p_{t,n-1}$ 的最优性；第二个不等式是由于假设在任意的 $t+1$ 期，$\pi(t+1,n)$ 是 n 的凹函数，所以有

$$
\begin{aligned}
2\pi(t+1,n+1)-\pi(t+1,n)-\pi(t+1,n+2)\geqslant 0\\
2\pi(t+1,n)-\pi(t+1,n-1)-\pi(t+1,n+1)\geqslant 0
\end{aligned}
$$

所以在任意的 t 期，$\pi(t,n)$ 是 n 的凹函数。

证毕。

定理 6.3　定义边际收益 $\Delta\pi(t,n)=\pi(t,n)-\pi(t,n+1)$，那么给定已购买机票的乘客数量 n，$\Delta\pi(t,n)$ 随销售时间 t 的增加而减小。

证明　因为

$$
\begin{aligned}
\Delta\pi(t,n)&=\pi(t,n)-\pi(t,n+1)\\
&=\frac{n+\alpha}{t+\alpha+\tau}[\max_{p_{t,n}}\{\bar{F}(\omega_{t,n,p_{t,n}})[p_{t,n}-\Delta\pi(t+1,n)]\}\\
&\quad-\max_{p_{t,n+1}}\{\bar{F}(\omega_{t,n+1,p_{t,n+1}})[p_{t,n+1}-\Delta\pi(t+1,n+1)]\}]+\Delta\pi(t+1,n)
\end{aligned}
$$

由定理 6.1 有 $\Delta\pi(t+1,n+1)-\Delta\pi(t+1,n)\geqslant 0$，而由引理 6.1 有

$$
\max_{p_{t,n}}\{\bar{F}(\omega_{t,n,p_{t,n}})[p_{t,n}-\Delta\pi(t+1,n)]\}-\max_{p_{t,n}}\{\bar{F}(\omega_{t,n,p_{t,n}})[p_{t,n}-\Delta\pi(t+1,n+1)]\}\geqslant 0
$$

所以

$$
\Delta\pi(t,n)\geqslant\Delta\pi(t+1,n)
$$

证毕。

定理 6.3 表明，越接近飞机起飞时间，航空公司销售机票的期望收益越小。通过定理 6.2 和定理 6.3 的分析，可得航空公司在需求学习下最优定价的变化趋势。

定理 6.4　（1）给定已购买机票的乘客数量 n，航空公司的最优定价 $p_{t,n}^*$ 随销售时间 t 的增加而减少。

（2）给定时间 t，航空公司的最优定价 $p_{t,n}^*$ 随已购买机票的乘客数量 n 递增。

证明　（1）要证明 $p_{t,n}^*$ 随 t 递减，根据胡奇英和刘建庸（2000）的分析可知，只需证明 $\pi(t,n)$ 是 $p_{t,n}$ 和 t 的下模函数即可。

假设 $p_{t,n}^1 > p_{t,n}^2$，$t_1 > t_2$，所以 $\bar{\lambda}_{t_1} = \dfrac{n+\alpha}{t_1+\alpha+\tau} < \dfrac{n+\alpha}{t_2+\alpha+\tau} = \bar{\lambda}_{t_2}$，因此有 $\bar{F}(\omega_{t_1,n,p_{t,n}^1}) \leqslant \bar{F}(\omega_{t_1,n,p_{t,n}^2})$。

$$
\begin{aligned}
&\pi(t_1,n)\Big|_{p_{t,n}^1} + \pi(t_2,n)\Big|_{p_{t,n}^2} \\
&= \bar{\lambda}_{t_1}\{\bar{F}(\omega_{t_1,n,p_{t,n}^1})[\pi(t_1+1,n+1)+p_{t,n}^1] + [1-\bar{F}(\omega_{t_1,n,p_{t,n}^1})]\pi(t_1+1,n)\} + (1-\bar{\lambda}_{t_1})\pi(t_1+1,n) \\
&\quad + \bar{\lambda}_{t_2}\{\bar{F}(\omega_{t_2,n,p_{t,n}^2})[\pi(t_2+1,n+1)+p_{t,n}^2] + [1-\bar{F}(\omega_{t_2,n,p_{t,n}^2})]\pi(t_2+1,n)\} + (1-\bar{\lambda}_{t_2})\pi(t_2+1,n) \\
&\leqslant \bar{\lambda}_{t_2}\{\bar{F}(\omega_{t_2,n,p_{t,n}^1})[\pi(t_2+1,n+1)+p_{t,n}^1] + [1-\bar{F}(\omega_{t_2,n,p_{t,n}^1})]\pi(t_2+1,n)\} + (1-\bar{\lambda}_{t_2})\pi(t_2+1,n) \\
&\quad + \bar{\lambda}_{t_1}\{\bar{F}(\omega_{t_1,n,p_{t,n}^2})[\pi(t_1+1,k+1)+p_{t,n}^2] + [1-\bar{F}(\omega_{t_1,n,p_{t,n}^2})]\pi(t_1+1,n)\} + (1-\bar{\lambda}_{t_1})\pi(t_1+1,n) \\
&= \pi(t_1,n)\Big|_{p_{t,n}^2} + \pi(t_2,n)\Big|_{p_{t,n}^1}
\end{aligned}
$$

其中，不等式是由于 $\pi(t,n)$ 是 n 的凹函数，以及 $\Delta\pi(t,n)$ 是时间 t 的减函数。

（2）根据引理 6.1，$p_{t,n}(A)$ 是 A 的非减函数，而由 $\pi(t,n)$ 是 n 的凹函数可得

$$p_{t,n+1}^*[\pi(t+1,n+1)-\pi(t+1,n+2)] \geqslant p_{t,n}^*[\pi(t+1,n)-\pi(t+1,n+1)]$$

所以有 $p_{t,n+1}^* \geqslant p_{t,n}^*$。

证毕。

定理 6.4 表明，在需求学习下，当已购买机票的乘客数量确定时，越临近飞机起飞时间，机票价格越低；销售时间一定的情况下，已购买机票的数量越多（剩余机票数量越少），价格越高。这与 Levin 和 McGill（2009a）、Gallego 和 van Ryzin（1994）等文献在需求确定情况下得出的结论相同，表明航空公司进行需求学习不会引起价格趋势的变化。上述性质为保留价分布不满足定理 6.1 假设时的最优价格策略减少了求解的搜索空间。

6.5　算 例 分 析

本节依据航空公司的期望收益和定价策略，对需求学习的有效性进行分析。基本参数

假设如下。销售期为 $T=1000$，$F(V)=\mathrm{e}^{-V}$，$u(V-p_{t,n})=V-p_{t,n}$，$N=100$，$\alpha=\tau=1$，为了方便比较，定义 $\pi^o(t,n)$ 为不进行需求学习时航空公司的期望收益，那么有

$$\pi^o(t,n)=\lambda'\max_{p_o}\{(\bar{F}(\omega_{t,n,p_o})[p_o+\pi(t+1,n+1)]+[1-\bar{F}(\omega_{t,n,p_o})]\pi(t+1,n)\}+(1-\lambda')\pi(t+1,n)$$

其中，λ' 表示不进行需求学习，按以往经验确定的乘客到达率。

令 $R=\dfrac{\pi(t,n)-\pi^o(t,n)}{\pi(t,n)}\times 100\%$，表示进行需求学习与不进行需求学习期望收益的偏离程度，R 越大表明需求学习的效果越好。

令 $\pi^D(t,n)$ 为实际需求下航空公司的期望收益，其值为

$$\pi^D(t,n)=\lambda\max_{p_D}\{\bar{F}(\omega_{t,n,p_D})[p_D+\pi(t+1,n+1)]+[1-\bar{F}(\omega_{t,n,p_D})]\pi(t+1,n)\}+(1-\lambda)\pi(t+1,n)$$

令 $r=\dfrac{\pi(t,n)-\pi^D(t,n)}{\pi(t,n)}\times 100\%$，表示需求学习与实际需求期望收益的偏离程度，$r$ 越大表明需求学习与实际需求期望收益的偏离程度越小，即需求学习下的期望收益越接近实际值。

6.5.1　航空公司的定价策略分析

为了便于分析，假设初始机票数为 100，$\beta=0.5$，实际需求为 $\lambda=0.6$。销售时间和购票人数变化下的最优价格结果如图 6.2 和图 6.3 所示。在图 6.2 中假定 $n=80$，在图 6.3 中假定 $t=500$。从图中可以看到，和实际需求下的最优价格策略相同，在初始剩余机票数量相同的情况下需求学习下的最优价格随销售时间的增加而减少，在时间相同的情况下，需求学习下的最优价格随购票人数的增加而增加，验证了定理 6.4。同时可以发现，相对于实际需求，在需求学习下价格要低，这是由于市场的不确定，航空公司在实际决策过程中采用低价来吸引乘客。

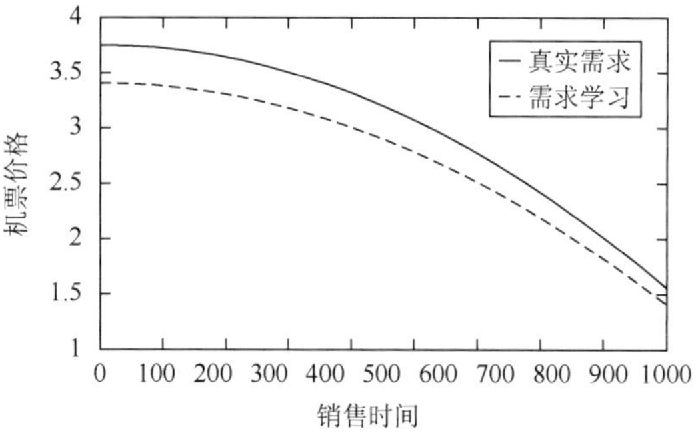

图 6.2　不同需求状态下价格随时间的变化趋势

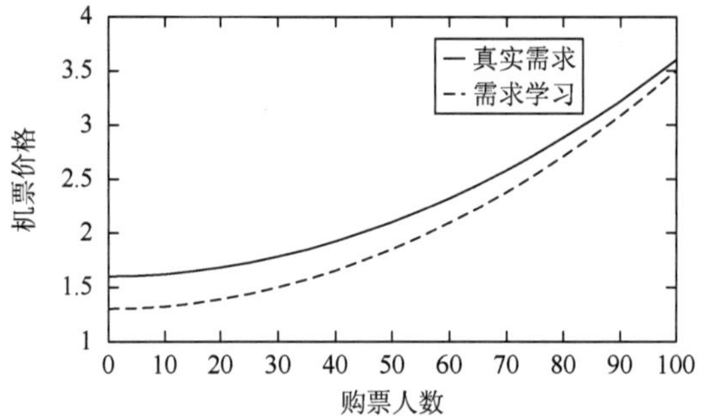

图 6.3　不同需求状态下价格随购票人数的变化趋势

6.5.2　需求学习的有效性分析

1. 实际需求变化下需求学习的有效性

假定不进行需求学习，航空公司认为每个周期有顾客到达的概率为 $\lambda' = 0.65$。图 6.4 所示为在策略程度分别为 0.2、0.4、0.7 和 1 时，实际到达率变化情况下需求学习的效果。

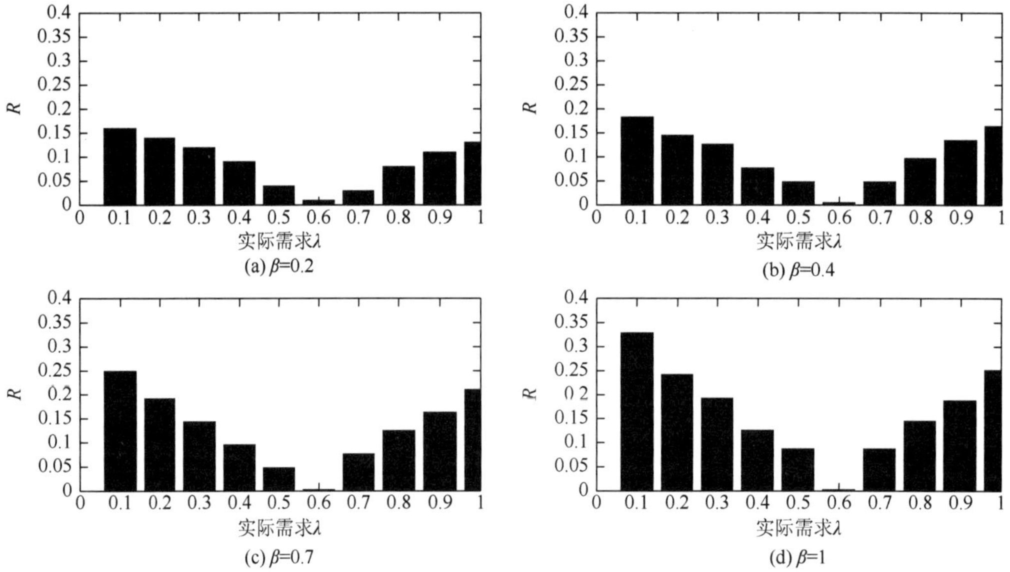

图 6.4　实际需求 λ 与 R 的关系

从图中可以看到，对于 0～1 内任意的实际到达率 λ，均有 $R \geqslant 0$，表明在乘客到达率不确定下进行需求学习能够提高航空公司对市场的熟悉程度，从而提高期望收益。同时可以看到，0.65 往左或往右走，收益 R 越大；图中体现为 0.65 左右的 λ 对应的 R 最小，其他 λ 对应的 R 则明显大很多。

2. 策略程度变化下需求学习的有效性

假定其他参数不变，取 0～1 内的 10 个 β 值，模拟策略程度变化下 R 和 r 值的变化，如图 6.5 所示。从图中可以看出以下几点。

（1）与横轴相比，随着乘客的策略程度增大，R 越大，表明在乘客具有策略行为下，更需要用需求学习来提高收益，需求学习的效果明显。

（2）r 总是在横轴的下方，表明需求学习虽然能够提高收益，但还不能完全消除由于需求的不确定带来的收益损失。同时，随着乘客的策略程度增大，r 越大，表明乘客的策略程度越大，通过需求学习使得估计下的最大收益与真实的最大收益差距越小，即需求学习的效果越明显。

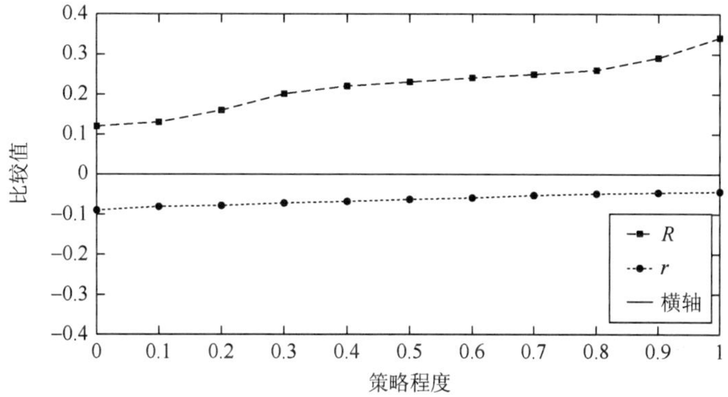

图 6.5　不同策略程度下需求学习的有效性

6.6　本 章 小 结

需求不确定和策略乘客的存在影响了航空公司的价格决策，因此，本章研究了在同时考虑两者影响的情况下航空公司的动态定价决策。通过建立需求学习下的航空公司动态定价模型，得出了在需求学习下航空公司对策略乘客定价满足的关系式，并在需求函数不满足假设条件的情况下证明了航空公司最优收益函数和定价策略的结构性质。研究表明，在需求学习下：

（1）航空公司的期望收益是已到达市场的乘客数量的凹函数；

（2）机票的边际收益随销售时间的增加而减小；

（3）给定已卖出的机票数量，越临近飞机起飞时间，机票价格越低；给定销售时间，卖出的机票数量越多，机票价格越高。

最后通过算例验证了模型中的定理，并且发现：在策略乘客存在的情况下，需求学习能够缓解由于需求的不确定带来的经济损失，但不能完全消除；乘客策略程度越大，需求学习效果越明显。这些结论可为航空公司在需求不确定情况下的最优定价决策提供一定的理论依据。

第 7 章　需求不确定下考虑乘客策略行为的航空寡头模糊销售机制研究

7.1 引　　言

现有文献中研究应对顾客策略行为的机制大多假设在需求确定下，例如，彭志强（2010）提出了可退票机制、可召回机制、差价补偿和快速补货机制；Prasad 等（2015）提出了产品绑定和预留产品定价机制。而在需求不确定下考虑顾客策略行为的应对机制研究较少。近年来，在国内外航空销售领域出现了一种新的机制——模糊销售，其实质是一种促销机制。不同的是，这种销售机制可以隐藏产品的差异性，吸引更多顾客。关于模糊销售的文献有：Fay（2008）认为当一个行业品牌偏好较弱时，通过模糊销售会加剧市场竞争，但减少了整个行业的利润。相反，当品牌偏好较强时，会减少市场竞争。Gönsch 和 Steinhardt（2013）将动态规划分解技术应用于传统的收益管理，为航空公司通过模糊销售机票提出了一种容量控制方法。Chris 和 Xie（2014）认为通过模糊销售隐藏某种产品或服务的差异性，不但可以以高价卖给老顾客，还可以通过折扣价吸引更多的新顾客，从而增加企业的收益。Jerath 等（2010）研究需求不确定下针对顾客的策略行为，提出了模糊销售机制，即当厂商存在剩余产品时，厂商可在销售后期引入中介商机构，将剩余产品转移给中介商销售。文章虽然在需求不确定下研究了模糊销售的可用性，但是没有考虑顾客的策略程度，也没探讨模糊销售机制的可行性，在实践中缺乏一定的说服力。

本章在 Jerath 等（2010）的基础上，从乘客的购买行为出发，利用 Hotelling 模型建立航空公司和策略乘客的两周期动态博弈，引入中介商进行模糊销售，探讨需求不确定下航空公司如何利用模糊销售实现收益最大化，并从航空公司和中介商的角度分析模糊销售机制的有效性，对航空公司在需求不确定下的定价和收益管理有一定的指导意义。

7.2 问题描述与假设

本章假定市场以 α 的概率出现高需求 $N=H>q$ ，以 $1-\alpha$ 的概率出现低需求 $N=L<q$ 。用 $j(j=A,B)$ 表示航空公司。相关符号约定如下。

p_j^{2L}：航空公司 j 在周期 2 低需求时的定价。

π_j^1：航空公司 j 在周期 1 获得收益。

π_j^{2L}：航空公司 j 在周期 2 低需求时获得的收益。

π_I：中介商的收益。

π_j^T：传统销售模式下航空公司 j 的收益。

π_j^O：模糊销售机制下航空公司 j 的收益。

其他相关符号约定及假设与第 4 章相同。

7.3　传统销售

为了便于比较，本节首先分析传统销售模式下考虑乘客策略行为的航空公司收益管理模型。处于 Hotelling 线上任意一点 x（$x \in [0,1]$）的乘客从航空公司 A 购买机票获得的效用为 $V-\kappa x-p_A$，从航空公司 B 购买机票获得的效用为 $V-\kappa(1-x)-p_B$。

定理 7.1　（1）当 $N>q$ 时，航空公司在周期 1 的最优定价为 $p_A^1=p_B^1=V-\dfrac{q\kappa}{2H}$，最优市场覆盖率为 $x_A=x_B=\dfrac{q}{2H}$，航空公司的收益为 $\pi_A^1=\left(V-\dfrac{q\kappa}{2H}\right)\dfrac{q\kappa}{2H}H$，此时由于供小于求，航空公司在周期 1 将机票全部销售，因此没有剩余机票到周期 2 销售。

（2）当 $N<q$ 时，Hotelling 线上位于 $[x_A,x_B]$（其中 $x_A=\dfrac{q}{2H}$，$x_B=1-\dfrac{q}{2H}$）的乘客在周期 2 购买机票，那么周期 2 航空公司的最优定价和最优市场覆盖率如表 7.1 所示。

表 7.1　周期 2 航空公司的最优定价和最优市场覆盖率

$\dfrac{V}{\kappa}$	价格 $p_A^{2L}=p_B^{2L}$	市场覆盖率	航空公司的收益
$\dfrac{1}{2}\leqslant\dfrac{V}{\kappa}<1-\dfrac{q}{2H}$	$\dfrac{1}{2}\left(\beta V-\dfrac{\kappa q}{2H}\right)$	$\dfrac{1}{2}\left(\dfrac{\beta V}{\kappa}-\dfrac{q}{2H}\right)$	$\pi_A^T=\dfrac{1}{2}\left(\beta V-\dfrac{\kappa q}{2H}\right)\dfrac{1}{2}\left(\dfrac{\beta V}{\kappa}-\dfrac{q}{2H}\right)L$
$1-\dfrac{q}{2H}\leqslant\dfrac{V}{\kappa}<\dfrac{3}{2}$	$\beta V-\dfrac{\kappa}{2}$	$\dfrac{1}{2}\left(1-\dfrac{q}{H}\right)$	$\pi_A^T=\left(\beta V-\dfrac{\kappa}{2}\right)\dfrac{1}{2}\left(\dfrac{V}{\kappa}-\dfrac{q}{2H}\right)L$
$\dfrac{3}{2}\leqslant\dfrac{V}{\kappa}$	κ	$\dfrac{1}{2}\left(1-\dfrac{q}{H}\right)$	$\pi_A^T=\kappa\dfrac{1}{2}\left(\dfrac{V}{\kappa}-\dfrac{q}{2H}\right)L$

证明　（1）$N>q$ 时，即需求大于供给时，为了避免在周期 2 买不到机票，那么乘客会选择在周期 1 购买，此时航空公司的最优定价为 $p_A^1=p_B^1=V-\dfrac{q\kappa}{2H}$，航空公司 A 在周期 1 销售的机票数量为 $\dfrac{q}{2}$，其中 $H=\dfrac{q}{2}$，则航空公司 A 在周期 1 将所有机票售完，因此在周期 2 没有剩余机票。航空公司 B 的情况类似于 A。

（2）航空公司 A 在周期 1 销售的机票数量为 $\frac{q}{2H}L$，其中 $L<\frac{q}{2}$，此时就会存在剩余机票在周期 2 销售。定义 Hotelling 线上某一点 x_A^e 为周期 1 和周期 2 的边界乘客，$y_A^{L,e}$ 为低需求时周期 2 购买机票与不购买机票的边界乘客，$y_A^{L,e}\geqslant x_A^e$。当 $J<K$ 时，航空公司 A 在周期 2 的定价为 $p_A^{2L}=\beta V-y_A^L\kappa$，且 $y_A^L<\frac{1}{2}$，销售机票数量 $\left(y_A^L-\frac{q}{2H}\right)L$，获得的收益为 $\pi_A^{2L}=(\beta V-y_A^L r)\left(y_A^L-\frac{q}{2H}\right)L$。根据收益最大化原则，有 $y_A^L=\frac{\beta V+q\kappa/2H}{2\kappa}$，$p_A^{2L}=\frac{\beta V-q\kappa/2H}{2}$，$\pi_A^{2L}=\frac{(\beta V-q\kappa/2H)^2}{4\kappa}L$，航空公司在周期 1 的定价为 $p_A^1=\alpha\left(V-\frac{q\kappa}{2H}\kappa\right)+(1-\alpha)\frac{\beta V-q\kappa/2H}{2}$，$\pi_A^1=p_A^1[\alpha H+(1-\alpha)L]\frac{q}{2H}$，航空公司 A 的总收益为 $\pi_A^T=\pi_A^1+\pi_A^{2L}$，整理得

$$\begin{aligned}\pi_A^T=\pi_A^1+\pi_A^{2L}&=\left[\alpha\left(V-\frac{q\kappa}{2H}\kappa\right)+(1-\alpha)\frac{\beta V-q\kappa/2H}{2}\right][\alpha H+(1-\alpha)L]\frac{q}{2H}\\&\quad+\frac{(\beta V-q\kappa/2H)^2}{4\kappa}L\end{aligned}\tag{7.1}$$

为使 $y_A^{2L}\leqslant 1/2$，给出限制条件 $\frac{V}{\kappa}<1-\frac{q}{2H}$。

当 $1-\frac{q}{2H}\leqslant\frac{V}{\kappa}<\frac{3}{2}$ 时，$y_A^{2L}=1/2$，$p_A^{2L}=\beta V-\kappa/2$，$p_A^1=\alpha\left(V-\frac{q\kappa}{2H}\right)+(1-\alpha)\left(V-\frac{\kappa}{2}\right)$，$\pi_A^{2L}=(1-\alpha)\left(\beta V-\frac{\kappa}{2}\right)\left(1-\frac{q}{H}\right)\frac{L}{2}$，$\pi_A^1=p_A^1[\alpha H+(1-\alpha)L]\frac{q}{2H}$，那么航空公司的总收益为

$$\begin{aligned}\pi_A^T=\pi_A^1+\pi_A^{2L}&=\left[\alpha\left(V-\frac{q\kappa}{2H}\right)+(1-\alpha)\left(V-\frac{r}{2}\right)\right][\alpha H+(1-\alpha)L]\frac{q}{2H}\\&\quad+(1-\alpha)\left(\beta V-\frac{\kappa}{2}\right)\left(1-\frac{q}{H}\right)\frac{L}{2}\end{aligned}\tag{7.2}$$

此时两航空公司的市场覆盖率恰好为 $\frac{1}{2}$，存在非竞争均衡。

当 $\frac{3}{2}\leqslant\frac{V}{\kappa}$ 时，$y_A^{2L}=1/2$，$p_A^{2L}=\kappa$，$p_A^1=\alpha\left(V-\frac{q\kappa}{2H}\right)+(1-\alpha)\kappa$，$\pi_A^{2L}=(1-\alpha)\kappa\cdot\left(1-\frac{q}{H}\right)\frac{L}{2}$，$\pi_A^1=p_A^1[\alpha H+(1-\alpha)L]\frac{q}{2H}$，那么航空公司的总收益为

$$\pi_A^T=\pi_A^1+\pi_A^{2L}=\left[\left(V-\frac{q\kappa}{2H}\right)+(1-\alpha)r\right][\alpha H+(1-\alpha)L]\frac{q}{2H}+(1-\alpha)\kappa\left(1-\frac{q}{H}\right)\frac{L}{2}\tag{7.3}$$

此时航空公司市场覆盖率为$\frac{1}{2}$，存在竞争均衡。

证毕。

在周期 1，位于 Hotelling 线上$\left[0,\frac{q}{2H}\right]$乘客对航空公司 A 偏好较高，则以较高的价格从航空公司 A 购买，当存在剩余机票时，在$\left[\frac{q}{2H},\frac{1}{2}\right]$的乘客对航空公司 A 偏好较低，当航空公司 A 在周期 2 降低价格时，这部分乘客才购买。如果没有剩余机票，那么在周期 2 就没有任何销售。显然，理性的航空公司为实现收益最大化，在周期 1 会对偏好较高的乘客定价较高，然后在周期 2 降低价格，以吸引偏好较低的乘客。

7.4 模糊销售

本节主要分析航空公司实行模糊销售机制后的定价决策和期望收益。航空公司宣布在周期 2 实行模糊销售机制时，将剩余机票转移给中介商 I，由中介商“出清”剩余机票。此时乘客会根据周期 1 的价格信息，预期周期 2 通过模糊销售能够购买到机票的概率以及机票来自哪个航空公司的概率，然后决定当前购买还是延迟购买。只有在周期 1 结束至周期 2 开始时，乘客和航空公司才知道市场需求是高需求还是低需求。用 p_I^H 表示高需求时中介商的定价，p_I^L 表示低需求时中介商的定价。中介商销售收入的 σ 部分归提供其机票的航空公司所有，剩余 $1-\sigma$ 部分归中介商所有，$0\leqslant\sigma\leqslant1$。

当需求较低时，航空公司 A 剩余的机票期望数量为 $l_A^{L,e}=\max\{q/2-x_A^eL,0\}$，航空公司 B 剩余的机票期望数量为 $l_B^{L,e}=\max\{q/2-(1-x_B^e)L,0\}$，那么乘客从模糊销售购买的机票来自航空公司 A 的概率为 $\gamma_A^{L,e}=l_A^{L,e}/(l_A^{L,e}+l_B^{L,e})$，来自航空公司 B 的概率为 $\gamma_B^{L,e}=l_B^{L,e}/(l_A^{L,e}+l_B^{L,e})$。同理，当需求较高时，航空公司 A 剩余的机票期望数量为 $l_A^{H,e}=\max\{q/2-x_A^eH,0\}$，航空公司 B 剩余的机票期望数量为 $l_B^{H,e}=\max\{q/2-(1-x_B^e)H,0\}$，那么乘客从模糊销售购买的机票来自航空公司 A 的概率为 $\gamma_A^{H,e}=l_A^{H,e}/(l_A^{H,e}+l_B^{H,e})$，来自航空公司 B 的概率为 $\gamma_B^{H,e}=l_B^{H,e}/(l_A^{H,e}+l_B^{H,e})$。

乘客基于中介商的价格 p_I、获得机票的概率 γ_A^e、γ_B^e 以及在 Hotelling 线上所处的位置等因素来决定是否从中介商购买机票。

引理 7.1 在理性预期均衡下，当两个航空公司所持有的机票数量相同，且有可能出现高需求时：

$$\gamma_A^H=\gamma_B^H=\gamma_A^L=\gamma_B^L=1/2$$

证明　为了便于分析，采用逆推归纳法。假定$[x_A,x_B]$的乘客等待至周期 2 购买，在周期 2 开始时，市场需求已被乘客和中介商知晓。当供大于求时，中介商定价为p_I^L，供小于求时，中介商定价为p_I^H。在理性预期均衡下，可以得到$\gamma_A=\gamma_B=1/2$，证明类似于 Jerath 等（2010），这里不再赘述。因此，位于$[x_A,x_B]$的乘客，从中介商购买的机票来自任意航空公司的均衡期望为$\gamma_A^H=\gamma_B^H=\gamma_A^L=\gamma_B^L=1/2$。

接下来证明位于$[0,x_A)\cup(x_B,1]$的乘客也有同样的均衡期望。假定位于x_A左边的任意乘客x从航空公司A购买机票获得效用为$V-p_A-\kappa x$。乘客从中介商购买机票的期望效用为$\alpha[\beta V-p_I^H-\gamma_A^{H,e}\kappa x-\gamma_B^{H,e}\kappa(1-x)]+(1-\alpha)[\beta V-p_I^L-\gamma_A^{L,e}\kappa x-\gamma_B^{L,e}\kappa(1-x)]$，可知只要模糊销售市场上存在潜在的乘客，那么模糊销售市场上两个航空公司提供的机票数量相同，因此，处于点$x<x_A$的乘客的期望效用为$\alpha(\beta V-p_I^H-\kappa/2)+(1-\alpha)(\beta V-p_I^L-\kappa/2)$，位于点$x>x_B$的乘客类似于$x<x_A$。

证毕。

根据引理 7.1，可得如下定理。

定理 7.2　当$\frac{1}{2}\leqslant\frac{V}{\kappa}\leqslant\frac{q}{H}$时，航空公司的最优定价为$p_A=p_B=\frac{V}{2}$，最优市场覆盖率为$x_A=1-x_B=\frac{V}{2\kappa}$，中介商的最优定价为$p_I^L=p_I^H=\beta V-\frac{\kappa}{2}$，中介商的期望收益为

$$\pi_I=(1-\sigma)\left[\alpha\left(\beta V-\frac{\kappa}{2}\right)\left(q-\frac{VH}{2\kappa}\right)\kappa+(1-\alpha)\left(\beta V-\frac{\kappa}{2}\right)\left(1-\frac{V}{2\kappa}\right)Lr\right]\tag{7.4}$$

航空公司的期望总收益为

$$\pi_A^O=\pi_B^O=\frac{V^2}{4\kappa}[\alpha H+(1-\alpha)L]+\frac{1}{2}\sigma\left[\alpha\left(\beta V-\frac{\kappa}{2}\right)\left(q-\frac{VH}{2\kappa}\right)\kappa+(1-\alpha)\left(\beta V-\frac{\kappa}{2}\right)\left(1-\frac{V}{2\kappa}\right)L\kappa\right]\tag{7.5}$$

证明　在需求确定情况下，由于策略乘客的存在，航空公司通过模糊销售机制提高其周期 1 的价格，则有

$$\pi_A^O=p_Ax_A[\alpha H+(1-\alpha)L]+\sigma\gamma_A\left\{\alpha p_I^H\left[\frac{q}{2}-x_AH+\frac{q}{2}-(1-x_B)H\right]+(1-\alpha)p_I^L(x_A-x_B)L\right\}$$

$$\pi_B^O=p_B(1-x_B)[\alpha H+(1-\alpha)L]+\sigma\gamma_B\left\{\alpha p_I^H\left[\frac{q}{2}-x_AH+\frac{q}{2}-(1-x_B)H\right]+(1-\alpha)p_I^L(x_A-x_B)L\right\}$$

$$\pi_I=(1-\sigma)\left\{\alpha p_I^H\left[\frac{q}{2}-x_AH+\frac{q}{2}-(1-x_B)H\right]+(1-\alpha)p_I^L(x_A-x_B)L\right\}$$

航空公司要满足周期 1 的需求，则 $x_A \leqslant \frac{q}{2H}$， $x_B \geqslant 1-\frac{q}{2H}$，那么航空公司 A 的定价为 $p_A = V - x_A\kappa$，航空公司 B 定价为 $p_B = V-(1-x_B)\kappa$，则两个航空公司市场覆盖率的最优均衡为 $x_A = 1-x_B = \frac{V}{2\kappa}$，价格均衡为 $p_A = p_B = \frac{V}{2}$。

当出现高需求时，通过模糊销售的机票数量为 $q-\frac{VH}{2\kappa}$，低需求时通过模糊销售的机票数量为 $L-\frac{VL}{2\kappa}$，由引理 7.1 可得 $\gamma_A^{H,e} = \gamma_A^{L,e} = \frac{1}{2}$，那么中介商的价格为 $p_I^H = p_I^L = \beta V - \frac{\kappa}{2}$，整理可得中介商的期望收益如式（7.4）所示，航空公司的收益如式（7.5）所示。

证毕。

定理 7.3　当 $\frac{q}{H} \leqslant \frac{V}{\kappa} \leqslant \frac{q}{H} + \frac{\alpha}{1-\alpha}\frac{q}{2L}$ 时，无论高需求还是低需求，航空公司的最优定价为 $p_A = p_B = V - \frac{q\kappa}{2H}$，市场最优覆盖率为 $x_A = 1-x_B = \frac{q}{2H}$。当 $N<q$ 时，中介商的最优定价为 $p_I^L = \beta V - \frac{\kappa}{2}$，那么中介商的期望收益为

$$\pi_I = (1-\sigma)\left(\beta V - \frac{\kappa}{2}\right)\left(1-\frac{q}{H}\right)L\kappa \tag{7.6}$$

航空公司的期望总收益为

$$\pi_A^O = \pi_B^O = \left(V - \frac{q\kappa}{2H}\right)\left[\alpha\frac{q}{2H}H + (1-\alpha)\frac{q}{2H}L\right] + \frac{1}{2}\sigma(1-\alpha)\left(\beta V - \frac{\kappa}{2}\right)\left(1-\frac{q}{H}\right)L\kappa \tag{7.7}$$

证明　在这种情况下，两个航空公司通过竞争得到市场均衡覆盖率 $x_A = 1-x_B = \frac{q}{2H}$，均衡价为 $p_A = p_B = V - \frac{q\kappa}{2H}$。当 $N>q$ 时，没有剩余机票进行模糊销售。当 $N<q$ 时，剩余机票数量为 $(x_A - x_B)L = \left(1-\frac{q}{2H}-\frac{q}{2H}\right)L$。中介商的最优定价为 $p_I^L = \beta V - \frac{\kappa}{2}$，整理得中介商的期望收益如式（7.6）所示，航空公司的收益如式（7.7）所示。

证毕。

定理 7.4　当 $\frac{q}{H} + \frac{\alpha}{1-\alpha}\frac{q}{2L} \leqslant \frac{V}{\kappa} < 1 + \frac{\alpha}{1-\alpha}\frac{q}{2L}$ 时，航空公司最优定价为 $p_A = p_B = \frac{V}{2} + \frac{\alpha}{1-\alpha}\frac{q}{4L}\kappa$。当 $N>q$ 时，市场最优覆盖率为 $\frac{q}{2H}$。当 $N<q$ 时，市场最优覆盖率为 $\frac{V}{2\kappa} - \frac{\alpha}{1-\alpha}\frac{q}{4L}$。中介商的最优定价为 $p_I^L = \beta V - \frac{\kappa}{2}$，因此中介商的期望收益为

$$\pi_I = (1-\sigma)\left(\beta V - \frac{\kappa}{2}\right)\left(1 - \frac{V}{\kappa} + \frac{\alpha}{1-\alpha}\frac{q}{2L}\right)L\kappa \tag{7.8}$$

航空公司的期望收益为

$$\begin{aligned}\pi_A^O = \pi_B^O &= \left(\frac{V}{2} + \frac{\alpha}{1-\alpha}\frac{q}{4L}\kappa\right)\left[\alpha\frac{q}{2H}H + (1-\alpha)\left(\frac{V}{2\kappa} - \frac{\alpha}{1-\alpha}\frac{q}{4L}\right)\right] \\ &+ \frac{1}{2}\sigma(1-\alpha)\left(\beta V - \frac{\kappa}{2}\right)\left(1 - \frac{V}{\kappa} + \frac{\alpha}{1-\alpha}\frac{q}{2L}\right)L\kappa\end{aligned} \tag{7.9}$$

证明 由于$\frac{V}{\kappa} \leqslant 1 + \frac{\alpha}{1-\alpha}\frac{q}{2L}$，此时两个航空公司的均衡价为$p_A = p_B = \frac{V}{2} + \frac{\alpha}{1-\alpha}\frac{q}{4L}\kappa$，当$N > q$时，市场最优覆盖率为$\frac{q}{2H}$，此时无剩余机票进行模糊销售。当$N < q$时，市场最优覆盖率为$\frac{V}{2\kappa} - \frac{\alpha}{1-\alpha}\frac{q}{4L}$，可得剩余机票的数量为$1 - \frac{V}{\kappa} + \frac{\alpha}{1-\alpha}\frac{q}{2L}$，整理可得定理 7.4。

证毕。

定理 7.5 当$1 + \frac{\alpha}{1-\alpha}\frac{q}{2L} \leqslant \frac{V}{\kappa} < \frac{3}{2} + \frac{\alpha}{1-\alpha}\frac{q}{L}$时，航空公司最优定价为$p_A = p_B = V - \frac{\kappa}{2}$。当$N > q$时，市场最优覆盖率为$\frac{q}{2H}$。当$N < q$时，市场最优覆盖率为$\frac{1}{2}$。航空公司的期望总收益为$\pi_A^O = \pi_B^O = \left(\frac{V}{\kappa} - \frac{1}{2}\right)\left[\alpha\frac{q}{2} + (1-\alpha)\frac{L}{2}\right]\kappa$。

证明 在这种情形下，乘客购买意愿较强，整个市场被两个航空公司占领，那么其均衡价为$p_A = p_B = V - \frac{1}{2}$。当$N > q$时，航空公司的最优市场覆盖率为$\frac{q}{2H}$。当$N < q$时，航空公司各占领一半的市场，则不存在剩余机票，因此没有模糊销售的必要。

证毕。

定理 7.6 当$\frac{3}{2} + \frac{\alpha}{1-\alpha}\frac{K}{L} \leqslant \frac{V}{\kappa}$时，航空公司最优定价为$p_A = p_B = \left(1 + \frac{\alpha}{1-\alpha}\frac{q}{L}\right)\kappa$，获得期望总收益为$\pi_A^O = \pi_B^O = \left(1 + \frac{\alpha}{1-\alpha}\frac{q}{L}\right)\left[\alpha\frac{q}{2} + (1-\alpha)\frac{L}{2}\right]\kappa$。

证明 当$N > q$时，航空公司的最优市场覆盖率为$\frac{q}{2H}$。当$N < q$时，航空公司通过竞争确定市场覆盖率得到$x_A = \frac{1}{2} + \frac{p_A - p_B}{2\kappa}$。显然无论高需求还是低需求，都没有剩余机票进行模糊销售。那么航空公司A、B的收益为$\pi_A^O = p_A\left[\alpha\frac{q}{2} + (1-\alpha)\left(\frac{1}{2} + \frac{p_B - p_A}{2\kappa}\right)\right]$，$\pi_B^O = p_B\left[\alpha\frac{q}{2} + (1-\alpha)\left(\frac{1}{2} + \frac{p_A - p_B}{2\kappa}\right)\right]$，整理可得$p_A = p_B = \left(1 + \frac{\alpha}{1-\alpha}\frac{q}{L}\right)\kappa$，$x_A = x_B = \frac{1}{2}$，则

有 $\pi_A^O = \pi_B^O = \left(1 + \frac{\alpha}{1-\alpha}\frac{q}{L}\right)\left[\alpha\frac{q}{2} + (1-\alpha)\frac{L}{2}\right]\kappa$。均衡存在的条件是 Hotelling 线上1/2处的乘客效用非负，那么 $V - p_A - \frac{\kappa}{2} \geqslant 0 \Rightarrow \frac{V}{\kappa} \geqslant \frac{3}{2} + \frac{\alpha}{1-\alpha}\frac{q}{L}$，这与本节之前的假设相符。

证毕。

在需求不确定情况下，由于乘客不知道周期 1 的需求情况，考虑到如果周期 2 需求较高，因此有可能不会选择等待。也就是说，如果乘客从周期 1 购买机票获得的效用，比其在周期 2 因高需求购买机票所得的效用要高，甚至出现买不到机票的情况时，乘客则会选择在周期 1 购买。航空公司鉴于乘客这样的考虑，会在周期 1 定较高的价格，以获得更大的收益。此时如果实际需求较低，航空公司虽然在周期 1 只能销售部分机票，但可以通过模糊销售“出清”剩余机票。

当 α 越大时，即出现高需求的概率越高时，航空公司更愿意使用模糊销售。其原因在于，α 越大，乘客为购买到机票而竞争，会抬高周期 1 的票价，显然此时航空公司在周期 1 应该定较高的价格。当实际需求较高时，航空公司获得较大的收益。若实际需求较低，则会存在一部分因周期 1 高价格而未购买机票的乘客，此时，航空公司通过模糊销售将机票售出。

7.5　算 例 分 析

本节通过数值模拟验证以上理论分析的结果，重点分析模糊销售机制对航空公司收益的影响以及对乘客策略程度缓解的效果。

基本参数设置如下：假设航空公司和中介商之间平分模糊销售阶段的收益，即 $\sigma = \frac{1}{2}$。不失一般性，假定 $\kappa = 2$，$q = 1$，$\alpha = \frac{1}{2}$，$L = \frac{1}{2}$，$H = \frac{3}{2}$。

7.5.1　两种销售机制下乘客估价 *V* 对航空公司收益的影响

首先假定乘客是完全策略的，即 $\beta = 1$，模拟乘客估价 V 与航空公司收益的关系，如图 7.1 所示。

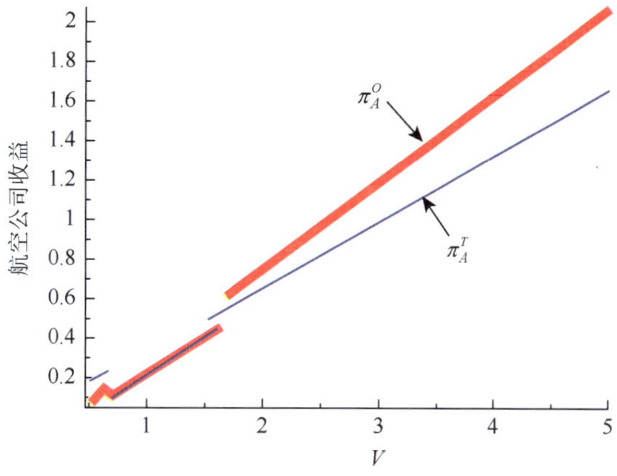

图 7.1　两种销售机制下乘客估价对航空公司收益的影响

从图 7.1 可以看到，乘客估价与航空公司的收益成正相关。当乘客估价非常低时，航空公司采用传统销售模式获得的收益更高，随着乘客估价的上升，模糊销售机制下的收益逐步高于传统销售机制。从整体来看，当乘客具有完全策略行为时，模糊销售机制获得收益高于传统销售。

7.5.2　模糊销售机制下乘客估价 V 与中介商收益的关系

保持其他参数不变，模拟乘客估价 V 与中介商收益的关系，如图 7.2 所示。

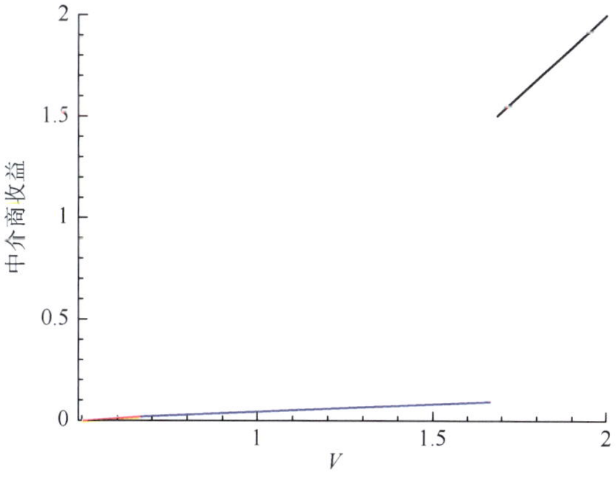

图 7.2　乘客估价与中介商收益的关系

从图 7.2 可以看到，在模糊销售机制下，中介商的收益随着乘客估价的增加而增加，且中介商的收益恒大于 0，意味着中介商有实施模糊销售的动力，尤其是当乘客估价较高时，中介商实施模糊销售机制能获取较高的收益。因此，模糊销售机制具有可行性。

7.5.3　乘客策略程度 β 对模糊销售机制有效性的影响

令 $\Delta\pi = \pi_A^0 - \pi_A^T$，不失一般性，取 $V=1$，保持其他参数不变，模拟乘客策略程度 β 与模糊销售机制有效性的关系，如图 7.3 所示。

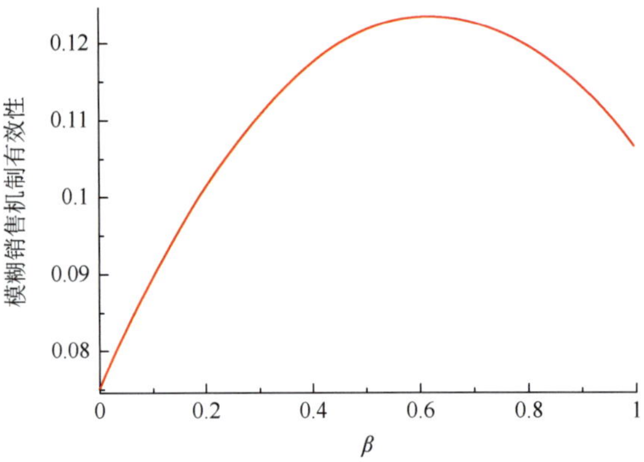

图 7.3　乘客策略程度对模糊销售机制有效性的影响

从图 7.3 可以看到，当 $\beta \in (0,1]$ 时，两种策略的收益差 $\Delta\pi$ 恒为正，即模糊销售机制具有有效性。同时可以看到，随着策略程度的增加，收益差在某一点取得最大值，然后开始下降。这是因为，当乘客策略程度超过某一临界值时，航空公司将更多的机票给予中介商销售，那么中介商分得的收益较多，相对而言减少了航空公司的总收益。

7.6　本 章 小 结

本章研究在乘客估价不确定下考虑乘客策略行为的航空收益管理问题。将整个机票销售分为两个阶段，第一阶段为传统销售，第二阶段航空公司实行模糊销售机制，即第一销售阶段结束后，航空公司将所剩机票转给中介商，由中介商“出清”剩余机票。

根据问题的特点，本章利用 Hotelling 模型建立了需求不确定下考虑乘客策略行为的航空公司收益管理模型。研究了航空公司在传统销售和模糊销售机制下的市场最优价格、市场占有率以及期望收益。通过比较航空公司在两种销售机制下的收益，发现模糊销售机制能够缓解乘客的策略行为，提高航空公司的收益。并通过数值模拟从航空公司和中介商的视角分析了模糊销售机制的有效性。

第四篇　乘客异质购买行为

目前航空公司收益管理文献大多数假设乘客是同质的，即市场上的乘客对机票价格具有相同的估价（或估价的分布相同），而忽视了乘客异质的购买行为。事实上，虽然航空企业面临策略乘客（休闲旅客，对价格敏感），但同样面临短视乘客（商务旅客，对时间敏感），因此，航空公司在对机票实行动态定价时，必须考虑到价格对每一类乘客可能的影响，在尽量满足对时间敏感乘客的同时，从全局的角度来管理和引导对价格敏感的乘客，从而提高收益。以往对于异质乘客行为的动态定价研究，没有设定机制来缓解异质乘客的购买行为对航空公司收益的影响。本篇尝试对乘客类型进行细分，引入价格展示应对机制，通过建立两周期动态定价模型，分别求出了动态定价和价格展示机制下航空公司的价格策略和期望收益，并比较了实行价格展示机制前后的收益差异，得出了价格展示机制的适用情况。

第8章　考虑乘客短视和策略行为的双航班竞争动态定价和价格展示机制

8.1　引　　言

前几章的研究假设市场上的乘客都具有策略性，本章将放宽此假设。根据调查发现航空市场通常存在两类乘客：一类是商务类乘客，对时间非常敏感，而对机票价格不敏感，此类属于刚性需求，其购买行为可看作短视；另一类是休闲类乘客，对时间不敏感，而对机票价格非常敏感，此类属于弹性需求，其购买行为具有策略性。若航空公司将短视乘客当作策略乘客来定价，无疑会导致收益的损失。因此，面对两类乘客行为并存的复杂需求，航空公司需要采用合理的价格策略最大限度地减少因为定价不合理造成的收益损失。特别是在面临激烈竞争的条件下，航空公司要兼顾消费者个人理性和竞争对手反应，从全局的角度制定出合理的价格策略。

目前也有学者研究了当短视和策略顾客并存时动态定价对厂商收益的影响。例如，Josef 和 Paat（2012）假定市场上存在策略和短视两种类型的顾客，通过建立顾客具有综合选择行为的动态定价模型，分析了在此行为下零售商的动态定价。Mersereau 和 Zhang（2012）研究策略型和短视型顾客并存，且策略顾客数量未知时的降价销售问题。文章通过构建厂商与顾客的两阶段动态博弈，求得了厂商在需求确定和不确定时的最优定价。Peng 和 Chen（2014）通过建立两周期定价模型，得出了厂商在不同情况下的最优定价策略和策略顾客的最优购买时间。Kremer 等（2015）研究两种顾客不同购买行为对零售商定价的影响，通过建立两周期动态定价模型，指出当策略顾客比例低于阈值时，零售商应采用 TM（target myopic）策略，将策略顾客转移至晚期（late season）销售，反之采用 TB（target both）策略，集中在早期（early season）销售。Yan 和 Ke（2015）针对短视和策略顾客并存，提出 PM（posterior price matching）和 DPM（delay posterior price matching）两种定价策略，利用均衡理论和逆向归纳法分析在折扣季、非折扣季的购买均衡，并讨论了两种定价策略的适用情况。杨慧等（2010）研究了短视型和策略型顾客并存且估价呈随机分布时厂商的定价问题，通过建立两阶段动态定价模型，应用逆推法得到了产品的最优价格路径，最后通过算例得出产品降价幅度、两类顾客期望购买数量和厂商期望收益与策略型顾客所占比例呈反向关系。周振红（2013）研究当市场上同时存在讨价还价型、短视型和策略型顾客时，垄断厂商的动态定价问题，通过建立顾客与厂商间的价格博弈，得出了顾客的最优购买决策与厂商的最优价格策略，还指出厂商通过库存限制方法能够减少顾客的等待行为。

虽然以上文献考虑了短视型和策略型顾客并存的情况，但均是基于垄断环境，没有考虑到市场竞争因素。本章针对航空市场上短视和策略乘客并存的情况，从竞争的角度分析动态定价策略下两航空公司的价格均衡。

8.2 问题描述与假设

假定 $2N$ 数量的乘客在销售期初到达市场。乘客有短视和策略两种类型，对机票的估价相同，用 V 表示。对于短视乘客，只要机票价格低于其估价就会立即购买，否则将离开市场。策略乘客则会比较在两周期购买机票的期望效用差异，选择机票价格低于其估价且效用最大的周期购买。据 Ovchinnikov 和 Milner（2005）统计，约有一半的乘客会等到飞机起飞前以较低的价格购买机票，因此假定策略乘客数量为 N 。

航空公司 $j(j = A, B)$ 可选择动态定价策略或价格展示机制。在动态定价下，两航空公司进行参数为 (p_i^j, q_2^j) 的两周期价格博弈，其中 p_i^j 为航空公司 j 在第 i 周期的定价，q_2^j 为周期 2 航空公司 j 剩余机票数量。q_2^j 受 p_1^j 的影响，同时 p_2^j 需要根据 q_1^j 的大小来确定。而在价格展示机制下，航空公司根据整个市场需求状况制定周期 1 价格，同时公布周期 2 的价格，即进行参数为 (p_1^j, η) 的单周期价格博弈。其中，η 为价格展示机制下两航空公司的价格调整比例。本章假定两航空公司的降价比例相同。航空公司和乘客的博弈如图 8.1 所示。

相关符号约定如下。

N_2：等待至周期 2 购买机票的策略乘客数量。

u_i^j：周期 i ，乘客在航空公司 j 购买机票的效用，其中 $u_1^j = V - p_1^j$ ， $u_2^j = \sigma V - p_2^j$ 。

π_D^j：航空公司 j 在动态定价策略下的期望总收益。

π_F^j：航空公司 j 在价格展示机制下的期望总收益。

进一步假设 $N \leqslant q \leqslant 2N$ 。此假设在相关文献（Dasci and Karakul，2009）中定义为供大于求，而 Jerath 等（2010）认为是供小于求，本书不作特殊说明，仅以此表示需求状态。

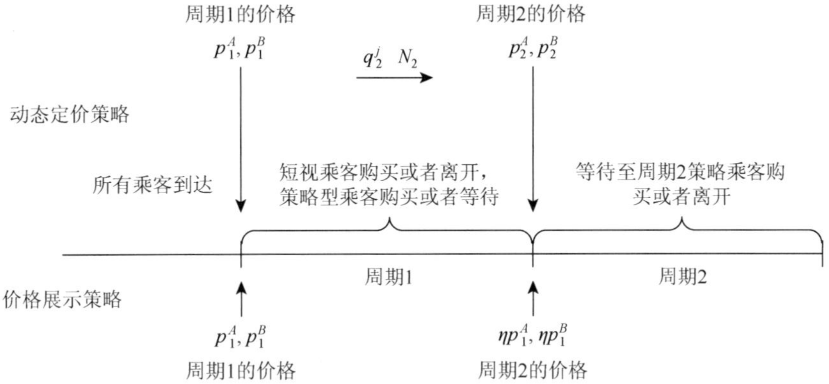

图 8.1　航空公司和乘客的博弈

8.3　动态定价策略及其性质分析

8.3.1　周期 2 均衡分析

采用逆推归纳法。根据周期 1 的价格 p_1^j，可得周期 2 的剩余机票与等待购买的策略乘客数量的关系。

情形 1：$q_2^A, q_2^B \geqslant N_2$，即双方在周期 2 的剩余机票均大于等待的策略乘客数量。

情形 2：$q_2^A + q_2^B > N_2$，$q_2^A \leqslant N_2 < q_2^B$，即剩余机票总量大于等待的策略乘客数量，且等待的策略乘客数量大于航空公司 *A* 的剩余机票，小于航空公司 *B* 的剩余机票。

情形 3：$q_2^A + q_2^B > N_2$，$q_2^A \leqslant q_2^B < N_2$，即剩余机票总量大于等待的策略乘客数量，且航空公司 *B* 的剩余机票比航空公司 *A* 多。

对于周期 2 航空公司的定价和可销售数量有如下四种情况。

（1）$p_2^A < p_2^B < \beta V$，航空公司 *B* 的定价高于 *A* 且低于策略乘客估价，此时策略乘客优先选择从航空公司 *A* 购买，那么航空公司 *A* 可销售数量为 $\min\{q_2^A, N_2\}$，航空公司 *B* 的需求为 $\min\{q_2^A, (N_2 - q_2^A)^+\}$。

（2）$p_2^A = p_2^B = \beta V$，两航空公司定价同为 βV，双方在周期 2 平分市场。那么航空公司 *A* 可销售数量为 $\min\{q_2^A, 1/2N_2 + (1/2N_2 - q_2^B)^+\}$，航空公司 *B* 可销售数量为 $\min\{q_2^A, 1/2N_2 + (1/2N_2 - q_2^A)^+\}$。

（3）$p_2^A \leqslant \beta V < p_2^B$，航空公司 *B* 的定价高于策略乘客的估价，同时航空公司 *A* 的价格低于策略乘客估价，此时航空公司 *A* 可销售数量为 $\min\{q_2^A, N_2\}$，而航空公司 *B* 可销售量为 0。

（4）$p_2^A > \beta V$，$p_2^B > \beta V$，双方的定价都高于策略乘客的估价，策略乘客不会购买机票，两航空公司可销售数量为 0。

由以上分析可得周期 2 价格和期望收益，如引理 8.1 所示。

引理 8.1 航空公司周期 2 的定价和期望收益为：

（1）在情形 1 下，$p_2^A = p_2^B = 0$，$\pi_2^A = \pi_2^B = 0$；

（2）在情形 2 下，有

$$p_2^A = \left(\frac{N_2 - q_2^A}{q_2^A} \ln \frac{q_2^A}{N_2 - q^A} \right) \beta V$$

$$p_2^B = \left(1 - \frac{q_2^A}{N_2} \right) \left(1 + \ln \frac{q_2^A}{N_2 - q_2^A} \right) \beta V \tag{8.1}$$

$$\pi_2^A = \left(1 - \frac{q_2^A}{N_2} \right) q_2^A \beta V \tag{8.2}$$

$$\pi_2^B = (N_2 - q_2^A) \beta V \tag{8.3}$$

（3）在情形 3 下，有

$$p_2^A = \left(\frac{N_2 - q_2^A}{q_2^A + q_2^B - N_2} \ln \frac{q_2^B}{N_2 - q_2^A} \right) \beta V$$

$$p_2^B = \left[1 - \frac{q_2^A}{q_2^B} \left(1 - \frac{N_2 - q_2^A}{q_2^A + q_2^B - N_2} \ln \frac{q_2^B}{N_2 - q_2^A} \right) \right] \beta V$$

$$\pi_2^A = \left(\frac{N_2 - q_2^A}{q_2^B} \right) q_2^A \beta V$$

$$\pi_2^B = (N_2 - q_2^A) \beta V$$

证明 证明过程类似于文献（Bikhchandani and Mamer，1997）中的性质 2，本章在该结果的基础上加入策略乘客折现因子即可得结论。

8.3.2 周期 1 均衡分析

给定周期 2 的三种情形，在周期 1 两航空公司的定价和收益有如下几种关系。

1）$p_1^A > V$，$p_1^B > V$

此时周期 1 定价大于乘客估价，所以短视乘客不购买，策略乘客选择等待，$q_2^A = q_2^B = q$。那么在周期 2 情形 1 发生。因此当 $p_1^A > V$，$p_1^B > V$ 时，两航空公司的总收益为

$$\pi_D^A = \pi_D^B = 0 \tag{8.4}$$

2）$p_1^A \leqslant V < p_1^B$

周期 1 航空公司 B 不销售，短视乘客在航空公司 A 购买，策略乘客会比较周期 1 和周期 2 购买机票的效用选择购买时机。对于策略乘客的效用有如下两种情况。

（1）策略乘客在周期 1 的效用大于周期 2，在此情况下航空公司 A 在周期 1 销售完所有机票，$q-N$ 数量的策略乘客在周期 1 购买，$2N-q$ 数量的策略乘客等待至周期 2。在周期 2，航空公司 B 的定价如式（8.1）所示。而航空公司 A 为使收益最大化，有 $V-p_1^A=\beta V-p_2^B$ 成立，将式（8.1）代入并化简得

$$p_1^A = V，\quad p_2^B = \beta V$$

此时，两航空公司的收益为

$$\pi_D^A = qV \tag{8.5}$$

$$\pi_D^B = (2N-q)\beta V \tag{8.6}$$

（2）策略乘客在周期 1 的购买效用小于周期 2。在此情况下，短视乘客在周期 1 购买，策略乘客均等待至周期 2。此时，$q_2^A = q-N$，$q_2^B = q$，$N_2 = N$。在周期 1，航空公司 A 为使收益最大化，有 $p_1^A = V$。在周期 2，由情形 2 可得策略乘客在周期 2 从航空公司 B 购买机票获得的效用为

$$\begin{aligned} u_2^B &= \sigma V - p_2^B = \beta V - \left(1-\frac{q_2^A}{N_2}\right)\left(1+\ln\frac{q_2^A}{N_2-q_2^A}\right)\beta V \\ &= \beta V\left[1-\left(1-\frac{q-N}{N}\right)\left(1+\ln\frac{q-N}{N-q+N}\right)\right] \geqslant 0 \end{aligned}$$

由式（8.2）和式（8.3）可得两航空公司总收益为

$$\pi_D^A = VN + (2N-q)\frac{q-N}{N}\beta V \tag{8.7}$$

$$\pi_D^B = (2N-q)\beta V$$

对于航空公司 A，对比式（8.5）和式（8.7）可得

$$\begin{aligned} qV - VN - (2N-q)\frac{q-N}{N}\beta V &\geqslant (q-N)V\left(1-\frac{2N-q}{N}\right) \\ &= (q-N)V\left(\frac{q}{N}-1\right) \geqslant 0 \end{aligned}$$

而对于航空公司 B，两种情况的收益相同。因此当 $p_1^A \leqslant V < p_1^B$ 时，两航空公司价格均衡为 $p_1^A = V$，$p_1^B = V$，获得的收益如式（8.5）和式（8.6）所示。

3）$p_1^A = p_1^B \leqslant V$

短视乘客立即购买机票，如果策略乘客在周期 1 购买的效用大于周期 2，两航空公司的收益为 $\pi_D^A = \pi_D^B = Np_1^A$。此时任意航空公司定价小于 p_1^A 将导致 Bertrand 竞争。如果策略乘客在周期 1 购买的效用小于周期 2，两航空公司在周期 1 的最优定价为 V，短视乘客在周期 1 购买，策略乘客在周期 2 购买，$q_2^A = q_2^B = q - \dfrac{N}{2}$。

当 $q - \dfrac{N}{2} > N$ 时，$q_2^A = q_2^B \geqslant N_2$，两航空公司周期 2 收益为 0。

当 $q - \dfrac{N}{2} \leqslant N$ 时，两航空公司的定价如式（8.2）和式（8.3）所示，策略乘客在周期 2 的效用为 $u_2^A = \sigma V - p_2^A \beta V\left(1 - \dfrac{3N/2 - q}{2q - 2N}\ln\dfrac{q - N/2}{3N/2 - q}\right) > 0$，两航空公司在周期 2 的收益为 $(3N/2 - q)\beta V$。

综上，当 $p_1^A = p_1^B \leqslant V$ 时，两航空公司在周期 1 的最优定价为 V，期望总收益为

$$\pi_D^A = \pi_D^B = \frac{N}{2}V + (3N/2 - q)^+ \beta V \tag{8.8}$$

根据以上分析可得两航空公司的博弈结果，如表 8.1 所示。其中，V' 表示任意大于 V 的实数。

表 8.1　动态定价策略下两航空公司的博弈结果（一）

		航空公司 B	
		V	V'
航空公司 A	V	$\frac{VN}{2}+\left(\frac{3N}{2}-q\right)^+\beta V$，$\frac{VN}{2}+\left(\frac{3N}{2}-q\right)^+\beta V$	qV，$(2N-q)\beta V$
	V'	$(2N-q)\beta V$，qV	0，0

定理 8.1　航空公司在动态定价策略下存在纯策略纳什均衡，两航空公司在周期 1 定价为 V，周期 2 定价为 βV，获得的收益为

$$\pi_D^{A*} = \pi_D^{B*} = \frac{VN}{2} + \left(\frac{3N}{2} - q\right)^+ \beta V \tag{8.9}$$

证明　假定航空公司 B 定价 V，航空公司 A 定价 V、V' 的收益差为

$$\frac{VN}{2} + \left(\frac{3N}{2} - q\right)^+ \beta V - (2N - q)\beta V \tag{8.10}$$

当 $\frac{3N}{2} > q$ 时，将式（8.10）化简可得

$$\frac{VN}{2} + \left(\frac{3N}{2} - q\right)\beta V - (2N-q)\beta V = \frac{N}{2}(1-\beta)V > 0$$

当 $\frac{3N}{2} < q$ 时，将式（8.10）化简可得

$$\frac{VN}{2} - (2N-q)\beta V$$

因为在 $\frac{3N}{2} < q$ 下，$\frac{N}{2} > 2N - q$，那么 $\frac{N}{2}V > (2N-q)\beta V$，因此当 $\frac{3N}{2} < q$ 时，$\frac{VN}{2} - (2N-q)\beta V > 0$。

由上述分析可得，当航空公司 B 定价 V 时，航空公司 A 最优定价为 V。

假定航空公司 B 定价 V'，航空公司 A 选择 V 和 V' 的收益差 $qV \geqslant 0$。此时航空公司 A 最优定价为 V。

根据对称性，可证明航空公司 B 的最优定价为 V。

证毕。

由式（8.9）可知，在动态定价策略下，航空公司的均衡收益是关于策略程度 β 的增函数，即乘客策略程度越大，两航空公司的均衡收益越大。接下来探讨当短视和策略乘客比例任意时，航空公司采用动态定价如何进行决策。

8.4　动态定价模型扩展——短视和策略乘客任意比例

8.3 节分析了市场上短视和策略乘客数量相同的动态定价策略，本节将分析短视和策略乘客任意比例的情形。同样通过构建两周期两航空公司动态博弈模型，探讨竞争环境下航空公司的价格决策。

本节假定航空公司 A、B 分别持有 $\frac{q}{2}$ 张机票，N 数量的乘客在销售期初到达市场，其中短视乘客所占比例为 φ $\left(\varphi \in (0,1)\right)$，策略乘客所占比例为 $1-\varphi$。为便于分析，假定 $\frac{q}{2} < N$，即单个航空公司的机票不能满足整个市场的需求。相关符号约定与 8.3 节相同。

周期 2 的均衡结果与 8.3 节相同，这里不再叙述。基于周期 2 情形，接下来探讨周期 1 两航空公司的价格决策和期望收益。

1）$p_1^A > V$，$p_1^B > V$

此时两航空公司周期 1 的定价均大于乘客估价，则 $u_1 = V - V' < 0$，那么短视乘客不购

买，离开市场。$u_2=\beta V>0$，$(1-\varphi)N$ 策略乘客选择等待至周期 2 购买，此时周期 2 市场的剩余机票数量为 $q_2^A=q_2^B=q/2$。当 $q>(1-\varphi)N$，即 $\varphi>1-\frac{q}{N}$ 时，周期 2 会出现情形 1，两航空公司的剩余机票大于乘客数量。那么此情况下，两航空公司的收益为

$$\pi_D^A=\pi_D^B=0 \tag{8.11}$$

当 $q<(1-\varphi)N$，即 $\varphi<1-\frac{q}{N}$ 时，两航空公司收益为

$$\pi_D^A=\pi_D^B=\frac{1}{2}(1-\varphi)N\beta V$$

2） $p_1^A\leqslant V<p_1^B$

周期 1 航空公司 B 不销售，短视乘客 φN 在航空公司 A 购买，策略乘客会比较周期 1 和周期 2 购买机票的效用选择购买时机。策略乘客有如下两种购买决策。

（1）若 $u_1>u_2$，即策略乘客在周期 1 购买的效用大于周期 2，那么策略乘客在周期 1 购买机票，此情况下航空公司 A 在周期 1 销售完所有机票，即有 $\frac{q}{2}-\varphi N$ 数量的策略乘客在周期 1 购买，那么等待至周期 2 购买机票的策略乘客数量为 $N_2=(1-\varphi)N-\left(\frac{q}{2}-\varphi N\right)$。周期 2 航空公司 A 的剩余机票数量为 0，即 $q_2^A=0$，由于航空公司 B 在周期 1 不销售机票，因此其剩余机票数量为 $q_2^B=\frac{q}{2}$。由引理 8.1 可得，在周期 2，航空公司 B 的定价如式（8.1）所示。而航空公司 A 为获得最大收益，有

$$V-p_1^A=\beta V-p_2^B \tag{8.12}$$

由式（8.1）得 $p_2^B=\left(1-\frac{q_2^A}{N_2}\right)\left(1+\ln\frac{q_2^A}{N_2-q_2^A}\right)\beta V$，代入式（8.12），整理得

$$p_1^A=(1-\beta)V+\left(1-\frac{q_2^A}{N_2}\right)\left(1+\ln\frac{q_2^A}{N_2-q_2^A}s\right)\beta V \tag{8.13}$$

因为 $q_2^A=0$，$N_2=(1-\varphi)N-\left(\frac{q}{2}-\varphi N\right)$，代入式（8.13），化简得

$$p_1^A=V，\quad p_1^B=\beta V$$

此时，两航空公司的收益为

$$\pi_D^A=\frac{q}{2}V \tag{8.14}$$

$$\pi_D^B=\left[(1-\varphi)N-\left(\frac{q}{2}-\varphi N\right)\right]\beta V=\left(N-\frac{q}{2}\right)\beta V \tag{8.15}$$

（2）若 $u_1 < u_2$，即策略乘客在周期 1 购买的效用小于周期 2。在此情况下，短视乘客在周期 1 从航空公司 A 购买，策略乘客均等待至周期 2。此时，航空公司 A 在周期 2 的剩余可销售机票数量为 $q_2^A = \frac{q}{2} - \varphi N$，航空公司 B 在周期 1 没有销售任何机票，则在周期 2 的剩余可销售机票数量为 $q_2^B = \frac{q}{2}$，周期 2 市场总需求为 $N_2 = \overline{\varphi} N$。在周期 1，航空公司 A 为使收益最大化，有 $p_1^A = V$。在周期 2，由情形 2 可得策略乘客在周期 2 从航空公司 B 购买机票获得的效用为

$$u_2^B = \beta V - p_2^B = \beta V - \left(1 - \frac{q_2^A}{N_2}\right)\left(1 + \ln\frac{q_2^A}{N_2 - q_2^A}\right)\beta V = \beta V\left[1 - \left(1 - \frac{q_2^A}{N_2}\right)\left(1 + \ln\frac{q_2^A}{N_2 - q_2^A}\right)\right]$$

将 $q_2^A = \frac{q}{2} - \varphi N$，$q_2^B = \frac{q}{2}$，$N_2 = \overline{\varphi} N$ 代入上式，整理得

$$u_2 = \beta V - p_2^B = \beta V\left[1 - \left(1 - \frac{\frac{q}{2} - \varphi N}{\overline{\varphi} N}\right)\left(1 + \ln\frac{\frac{q}{2} - \varphi N}{\overline{\varphi} N - \frac{q}{2} + \varphi N}\right)\right]$$

因为 $N > \frac{q}{2}$，则有 $(1-\varphi)N > \frac{q}{2} - \varphi N$，化简得

$$1 - \frac{\frac{q}{2} - \varphi N}{\overline{\varphi} N} > 0$$

欲证 $1 - \frac{\frac{q}{2} - \varphi N}{\overline{\varphi} N} < 1$，即证 $0 < \frac{\frac{q}{2} - \varphi N}{\overline{\varphi} N}$，只需 $\frac{q}{2} - \varphi N > 0$。因此当 $\frac{q}{2} - \varphi N > 0$ 时，有

$$0 < 1 - \frac{\frac{q}{2} - \varphi N}{\overline{\varphi} N} < 1$$

欲证 $\ln\frac{\frac{q}{2} - \varphi N}{\overline{\varphi} N - \frac{q}{2} + \varphi N} < 0$，即证 $\frac{\frac{q}{2} - \varphi N}{\overline{\varphi} N - \frac{q}{2} + \varphi N} < 1$，化简为 $\frac{q}{2} - \varphi N < (1-\varphi)N - \frac{q}{2} + \varphi N$。只需 $q - \varphi N < N$，则 $\frac{q}{2} - \varphi N < (1-\varphi)N - \frac{q}{2} + \varphi N$ 恒成立。

当 $\varphi N < \frac{q}{2} < N$ 时，有

$$\frac{q}{2} < q - \varphi N < N + \frac{q}{2} - \varphi N$$

又因为 $0 < \frac{q}{2} - \varphi N$，则 $N < N + \frac{q}{2} - \varphi N$，所以

$$\frac{q}{2}-\varphi N<(1-\varphi)N-\frac{q}{2}+\varphi N,\quad q-\varphi N<N$$

那么

$$0<1+\ln\frac{\frac{q}{2}-\varphi N}{\overline{\varphi}N-\frac{q}{2}+\varphi N}<1$$

则

$$0<\left(1-\frac{\frac{q}{2}-\varphi N}{\overline{\varphi}N}\right)\left(1+\ln\frac{\frac{q}{2}-\varphi N}{\overline{\varphi}N-\frac{q}{2}+\varphi N}\right)<1$$

因此当$\varphi N<\frac{q}{2}<N$时，有

$$u_2=\beta V-p_2^B=\beta V\left[1-\left(1-\frac{\frac{q}{2}-\varphi N}{\overline{\varphi}N}\right)\left(1+\ln\frac{\frac{q}{2}-\varphi N}{\overline{\varphi}N-\frac{q}{2}+\varphi N}\right)\right]\geqslant 0$$

策略乘客选择等待至周期 2 购买。

由式（8.2）和式（8.3）可得两航空公司收益为

$$\pi_D^A=\left[\overline{\varphi}N-\left(\frac{q}{2}-\varphi N\right)\right]\beta V=\left(N-\frac{q}{2}\right)\beta V \tag{8.16}$$

对于航空公司 A，对比式（8.14）和式（8.16）可得

$$\frac{q}{2}V-\varphi NV-\left(\frac{N-\frac{q}{2}}{\overline{\varphi}N}\right)\left(\frac{q}{2}-\varphi N\right)\beta V=V\left(\frac{q}{2}-\varphi N\right)\left(\frac{\frac{q}{2}-\varphi N}{\overline{\varphi}N}\right)\beta\geqslant 0$$

两种情况下航空公司 B 获得的收益相同。因此当 $p_1^A\leqslant V<p_1^B$ 时，两航空公司价格均衡为 $p_1^A=V$， $p_2^B=\beta V$，获得的收益如式（8.14）和式（8.15）所示。

3） $p_1^A=p_1^B\leqslant V$

此时，短视乘客立即购买机票，如果$u_1>u_2$，即策略乘客在周期 1 购买的效用大于周期 2，两航空公司的收益为$\pi_D^A=\pi_D^B=\frac{1}{2}\varphi Np_1^A+\frac{1}{2}(1-\varphi)Np_1^A=\frac{1}{2}Np_1^A$。此时任意航空公司定价小于 p_1^A 将导致 Bertrand 竞争。

如果$u_1<u_2$，策略乘客在周期 1 购买的效用小于周期 2，两航空公司在周期 1 的最优定价为V，短视乘客在周期 1 购买，策略乘客在周期 2 购买，那么两航空公司在周期 1

获得的收益为$\frac{1}{2}\varphi NV$，$q_2^A = q_2^B = \frac{q}{2} - \frac{N}{2}\varphi$。

当$\frac{q}{2} - \frac{N}{2}\varphi > (1-\varphi)N$，即$N - \frac{\varphi}{2}N < \frac{q}{2}$，$q_2^A = q_2^B \geqslant N_2$时，单个航空公司的剩余机票数量大于周期 2 市场上的策略乘客，两航空公司在周期 2 获得的收益为 0。

当$\frac{q}{2} - \frac{N}{2}\varphi \leqslant (1-\varphi)N$，即$N - \frac{\varphi}{2}N \geqslant \frac{q}{2}$时，两航空公司在周期 2 的定价如情形 3 所示，那么策略乘客在周期 2 的效用为

$$
\begin{aligned}
u_2^A = \beta V - p_2^A &= \beta V - \left(\frac{N_2 - q_2^A}{q_2^A + q_2^B - N_2} \ln \frac{q_2^B}{N_2 - q_2^A} \right) \beta V \\
&= \beta V \left[1 - \frac{(1-\varphi)N - \frac{q}{2} + \frac{1}{2}\varphi N}{\frac{q}{2} - \frac{1}{2}\varphi N + \frac{q}{2} - \frac{1}{2}\varphi N - (1-\varphi)N} \ln \frac{\frac{q}{2} - \frac{1}{2}\varphi N}{(1-\varphi)N - \frac{q}{2} + \frac{1}{2}\varphi N} \right] \\
&= \beta V \left(1 - \frac{N - \frac{q}{2} - \frac{1}{2}\varphi N}{q - N} \ln \frac{\frac{q}{2} - \frac{1}{2}\varphi N}{N - \frac{q}{2} - \frac{1}{2}\varphi N} \right) > 0
\end{aligned}
$$

那么两航空公司在周期 2 的收益为

$$
\begin{aligned}
\pi_2^A = \pi_2^B &= \left(\frac{N_2 - q_2^A}{q_2^B} \right) q_2^A \beta V \\
&= \left(N - \frac{q}{2} - \frac{\varphi}{2} N \right) \beta V
\end{aligned}
$$

综上，当$p_1^A = p_1^B \leqslant V$时，两航空公司在周期 1 的最优定价为$V$，期望收益为

$$
\pi_D^A = \pi_D^B = \frac{1}{2}\varphi NV + \left(N - \frac{q}{2} - \frac{\varphi}{2} N \right)^{+} \beta V \tag{8.17}
$$

根据以上分析可得两航空公司的博弈结果，如表 8.2 所示。

表 8.2　动态定价策略下两航空公司的博弈结果（二）

		航空公司 B	
		V	V'
航空公司 A	V	$\frac{1}{2}\varphi NV + \left(N - \frac{q}{2} - \frac{\varphi}{2}N\right)^{+} \beta V$ $\frac{1}{2}\varphi NV + \left(N - \frac{q}{2} - \frac{\varphi}{2}N\right)^{+} \beta V$	$\frac{q}{2}V$，$\left(N - \frac{q}{2}\right)\beta V$
	V'	$\left(N - \frac{q}{2}\right)\beta V$，$\frac{q}{2}V$	0，0

定理 8.2　在短视和策略乘客任意比例情形下，两航空公司采用动态定价策略时存在纯策略纳什均衡，两航空公司在周期 1 定价V，在周期 2 定价βV，获得期望收益为

$$\pi_D^{A^*}=\pi_D^{B^*}=\frac{1}{2}\varphi NV+\left(N-\frac{q}{2}-\frac{\varphi}{2}N\right)^+\beta V \tag{8.18}$$

证明　若航空公司B在周期 1 定价V，航空公司A定价V、V'的收益差为

$$\frac{1}{2}\varphi NV+\left(N-\frac{q}{2}-\frac{\varphi}{2}N\right)^+\beta V-\left(N-\frac{q}{2}\right)\beta V \tag{8.19}$$

当$N-\frac{\varphi}{2}N<\frac{q}{2}$时，将式（8.19）化简可得

$$\begin{aligned}\frac{1}{2}\varphi NV-\left(N-\frac{q}{2}\right)\beta V&=\left[\frac{1}{2}\varphi N-\left(N-\frac{q}{2}\right)\beta\right]V\\&\geqslant\left(\frac{1}{2}\varphi N-N+\frac{q}{2}\right)V>0\end{aligned}$$

当$N-\frac{\varphi}{2}N>\frac{q}{2}$时，将式（8.19）化简可得

$$\begin{aligned}\frac{1}{2}\varphi NV+\left(N-\frac{q}{2}-\frac{\varphi}{2}N\right)\beta V-\left(N-\frac{q}{2}\right)\beta V&=\frac{1}{2}\varphi NV-\frac{\varphi}{2}N\beta V\\&=(1-\beta)\frac{1}{2}\varphi NV\geqslant 0\end{aligned}$$

由上述分析可得，当航空公司B选择定价V时，航空公司A的最优定价为V。当航空公司B选择定价V'时，航空公司A定价V、V'的收益差为$\frac{q}{2}V>0$，那么航空公司A的最优定价为V。

根据对称性，可证明航空公司B在周期 1 的最优定价为V。

证毕。

由式（8.18）可知，由于需求水平不同，动态定价策略的效果不同。当$N-\frac{q}{2}<\frac{\varphi}{2}N$时，航空公司的均衡收益是关于$\varphi$的增函数，即短视乘客数量越多，航空公司获得收益越高。当$N-\frac{q}{2}>\frac{\varphi}{2}N$时，航空公司的均衡收益是关于$\beta$的增函数，即乘客策略程度越大，航空公司收益越大。这与传统收益管理的结论不同，表明在一定程度的竞争环境下，乘客的策略性使得航空公司获得更高的收益。这是因为乘客策略程度越大，表明其等待至周期 2 购买的意愿越大，那么航空公司在周期 2 就能够通过制定较高的价格获得更多的收益。

对比模型扩展前后航空公司价格决策，发现当短视和策略乘客数量相同，即 $\varphi=\frac{1}{2}$ 时，或短视和策略乘客任意比例时，两航空公司采用动态定价策略都存在纯策略纳什均衡。

8.5　价格展示模型

在实践中，航空公司通常在销售期初就确定了整个销售期的机票价格范围，即在制定周期 1 价格的同时，确定周期 2 的价格调整比例。Dasci 和 Karakul（2009）称该策略为固定折扣比率定价策略，而本节沿用 Kluge 和 Fassnacht（2015）的说法将其称为价格展示定价机制。本节将讨论在价格展示机制下，两航空公司的竞争均衡。

在价格展示机制下，两个航空公司同时制定周期 1 价格 p_1^j，并确定降价比例 η（$0<\eta\leqslant 1$）。为了确保周期 2 乘客购买获得非负的效用，类似于 Dasci 和 Karakul（2009）的分析，假设 $\beta V\geqslant\eta V$，即 $\beta\geqslant\eta$。那么两航空公司在周期 1 的价格博弈有如下三种情形。

1）$p_1^A\leqslant V<p_1^B$

航空公司 B 在周期 1 不销售，短视乘客在航空公司 A 购买。由于 $\beta\geqslant\eta$，因此 $u_1^A\leqslant u_2^A$，表明策略乘客全部等待。但 $u_2^B<u_2^A$，因此在周期 2 策略乘客先在航空公司 A 购买。

因此，两航空公司的收益为

$$\begin{aligned}\pi_F^A&=Np_1^A+(q-N)\eta p_1^A\\ \pi_F^B&=\eta p_1^B(2N-q)\end{aligned}\tag{8.20}$$

当 $\eta p_1^B>\beta V$，即 $p_1^B>\frac{\beta}{\eta}V$ 时，$u_2^B<0$。乘客不购买，因此 $\pi_F^B=0$。

综上所述，航空公司 A 的最优策略为在周期 1 定价 V，获得的收益为

$$\pi_F^A=NV+(q-N)\eta V$$

航空公司 B 最优策略为定价 $p_1^B=\frac{\beta}{\eta}V$，获得的收益为 $\pi_F^B=\beta V(2N-q)$。

2）$p_1^A<p_1^B\leqslant V$

短视乘客从航空公司 A 购买。由于 $u_1^A<u_2^A$，$u_2^A>u_2^B$，所以策略乘客在周期 2 先在航空公司 A 购买。因此，两航空公司的收益为

$$\begin{aligned}\pi_F^A &= Np_1^A + (q-N)\eta p_1^A \\ \pi_F^B &= \eta p_1^B(2N-q)\end{aligned} \tag{8.21}$$

在此情形下，航空公司 B 最优策略为定价 $p_1^B = V$，获得期望收益为

$$\pi_F^B = \eta V(2N-q)$$

3） $p_1^A = p_1^B \leqslant V$

此时航空公司的最优定价为 V，短视乘客在周期 1 购买。策略乘客在周期 1 购买的效用为 $u_1^j = 0$，等待至周期 2 购买机票获得效用为 $u_2^j = \beta V - \eta V > 0$，因此策略乘客等待至周期 2 购买机票。那么航空公司的总收益为

$$\pi_F^A = \pi_F^B = VN(1+\eta)/2$$

综合以上三种情形，可以得到在价格展示机制下竞争双方的均衡策略，如定理 8.3 所示。

定理 8.3　在价格展示机制下，两航空公司的均衡策略为在周期 1 定价 V，在周期 2 定价 ηV，期望总收益为

$$\pi_D^{A^*} = \pi_F^{B^*} = VN(1+\eta)/2 \tag{8.22}$$

证明　定义任意实数 $\varepsilon > 0$，对任意航空公司来说，若选择降价，其收益如式（8.21）所示。如果 $N(V-\varepsilon) + \eta(V-\varepsilon)(q-N) \geqslant VN(1+\eta)/2$，即降价能够获得更多的收益，则

$$\varepsilon \leqslant \frac{V\left[N(\eta-1) + 2\eta(N-q)\right]}{2N + 2\eta(q-N)}$$

上式右边小于 0，与假设不符。所以航空公司若降价，收益将减小。

若航空公司选择提价，其收益如式(8.20)所示。此时 $\eta(p_1^A+\varepsilon)(2N-q) - VN(1+\eta)/2 > 0$ 必须满足

$$V + \varepsilon > \frac{N(1+\eta)}{2\eta(2N-q)}V > \frac{\beta}{\eta}V$$

即提价的幅度必须大于 $\frac{\beta}{\eta}V$ 才能获得更高的收益。由前述讨论可知，若提价幅度超过 $\frac{\beta}{\eta}V$，航空公司的收益为 0。因此任意航空公司没有调整价格的动力，均衡结果为双方在周期 1 定价 V，在周期 2 定价 ηV，获得期望收益为 $VN(1+\eta)/2$。

证毕。

与动态定价策略一致，价格展示机制的均衡也能区分短视和策略两类群体，达到分类定价的目的。不同的是，动态定价策略通过闭环控制，根据周期 1 销售情况的动态反馈来

获取市场信息，制定周期 2 的价格，由均衡结果可以看出，其收益由机票供应水平和乘客策略程度等共同决定；而价格展示机制通过开环控制，在销售期初确定周期 2 价格调整比例，由均衡结果可以看出，两航空公司的收益与乘客数量以及降价比例相关，而与乘客策略程度无关。同时，由式（8.22）可知，η 越大，航空公司均衡期望收益越大。表明两航空公司在周期 2 的降价幅度越小，越有利于改变策略乘客等待降价的预期，使其越早购买，因此两航空公司的期望收益越大。

接下来分析当短视和策略乘客比例任意时，两航空公司采用价格展示机制时的均衡。

8.6　价格展示模型扩展——短视和策略乘客任意比例

8.5 节假定短视和策略乘客数量相同，本节将放宽此假设，探讨短视和策略乘客任意比例的情况。类似于 8.5 节中的假设，两航空公司分别持有 $\frac{q}{2}$ 张机票。$N\left(N>\frac{q}{2}\right)$ 数量的乘客在销售期初到达市场，其中短视乘客所占比例为 φ，策略乘客所占比例为 $1-\varphi$。在价格展示机制下，两个航空公司在制定周期 1 价格 p_1^j 时，也给出两周期 2 的价格 ηp_1^j，为了确保周期 2 乘客购买机票获得非负的效用，类似于 Dasci 和 Karakul（2009）的分析，假设 $\beta V>\eta V$，即 $\beta>\eta$。那么乘客在周期 1 购买机票获得的效用为 $u_1^j=V-p_1^j$，等待至周期 2 购买机票获得的效用为 $u_2^j=\beta V-\eta p_1^j$。因此可得两航空公司在周期 1 的价格博弈情形如下。

1） $p_1^A \leqslant V < p_1^B$

此情形下，航空公司 B 在周期 1 不销售，短视乘客 φN 从航空公司 A 购买。航空公司 A 为获得最大收益，在周期 1 的定价为 V，获得收益为 φNV。此时策略乘客在周期 1 购买机票获得的效用为 $u_1^A=0$，等待至周期 2 购买机票获得的效用为 $u_2^B=\beta V-\eta V=(\beta-\eta)V>0$，则有 $u_1^A<u_2^B$，那么所有的策略乘客等待至周期 2 购买机票。由于 $p_1^A<p_1^B$，则 $\eta p_1^A<\eta p_1^B$，那么 $u_2^A>u_2^B$，因此周期 2 策略乘客优先从航空公司 A 购买机票。

因此，两航空公司的收益为

$$\pi_F^A=\varphi NV+\left(\frac{q}{2}-\varphi N\right)\eta V \tag{8.23}$$

$$\pi_F^B=\eta p_1^B\left(N-\frac{q}{2}\right)$$

当 $\eta p_1^B>\beta V$，即 $p_1^B>\frac{\beta}{\eta}V$ 时，$u_2^B<0$。乘客不购买，此时 $\pi_F^B=0$。所以航空公司 B

最优策略为定价 $p_1^B = \dfrac{\beta}{\eta}V$，获得的收益为 $\pi_F^B = \eta V\left(N - \dfrac{q}{2}\right)$。

2） $p_1^A \leqslant p_1^B \leqslant V$

此情形下，短视乘客从航空公司 A 购买。策略乘客在周期 1 从航空公司 A 购买机票获得的效用为 $u_1^A = V - p_1^A$，从航空公司 B 购买机票获得效用为 $u_1^B = V - p_1^B$， $u_1^A > u_1^B$。等待至周期 2 购买机票获得效用为 $u_2^A = \beta V - \eta p_1^A$ 或者 $u_2^B = \beta V - \eta p_1^B$， $u_2^A > u_2^B$。

情况 1：策略乘客在周期 1 购买，其中部分策略乘客在航空公司 B 购买，而在周期 2 不买。

此情况下，只要策略乘客在周期 1 购买机票获得的最低效用大于在周期 2 购买机票获得的最高效用即可。策略乘客在周期 1 获得最低效用为 0，即航空公司 B 定价为 $p_1^B = V$，那么 $u_2^B = 0$。只要策略乘客在周期 2 购买机票获得效用为负，即 $u_2^A < 0$，那么所有的策略乘客不会等待至周期 2 购买机票。因为 $u_2^A > u_2^B$，周期 2 策略乘客在航空公司 A 购买机票获得的效用大于在航空公司 B 购买，因此只要 $u_2^A = \beta V - \eta p_1^A < 0$，所有策略乘客就不会等待。由于 $p_1^A < p_1^B \leqslant V$， $\beta > \eta$，所以 $u_2^A = \beta V - \eta p_1^A < 0$ 不成立。表明所有策略乘客在周期 1 购买机票的情况不会发生。

情况 2：所有策略乘客等待至周期 2 购买机票。

要使得所有策略乘客等待至周期 2 购买机票，则必满足条件 $u_1^A < u_2^B$。由于 $u_2^A > u_2^B$，因此策略乘客在周期 2 优先从航空公司 A 购买机票，那么此情况下航空公司 B 最优定价为 $p_1^B = V$。根据 $u_1^A < u_2^B$，可得 $V - p_1^A < \beta V - \eta p_1^A$，那么 $p_1^A > \dfrac{1-\beta}{1-\eta}V$，则 $\dfrac{1-\beta}{1-\eta}V < p_1^A < V$。

因此当 $\dfrac{1-\beta}{1-\eta}V < p_1^A < V$ 时，全部策略乘客等待至周期 2 购买机票，两航空公司获得收益为

$$\begin{aligned} \pi_F^A &= \varphi N p_1^A + \left(\frac{q}{2} - \varphi N\right)\eta p_1^A \\ \pi_F^B &= \left(N - \frac{q}{2}\right)\eta V \end{aligned} \tag{8.24}$$

3） $p_1^A = p_1^B \leqslant V$

此情形下，航空公司的最优定价为 V，短视乘客在周期 1 购买。策略乘客在周期 1 购买获得的效用为 $u_1^j = 0$，等待至周期 2 购买机票获得的效用为 $u_2^j = \beta V - \eta V > 0$，因此策略乘客等待至周期 2 购买机票。那么两航空公司的总收益为

$$\pi_F^A = \pi_F^B = \frac{1}{2}\varphi NV + \frac{1}{2}(1-\varphi)N\eta V$$

综合以上三种情形，可以得到在价格展示机制下竞争双方的均衡策略，如定理 8.4 所示。

定理 8.4　在短视和策略乘客任意比例的情形下，两航空公司存在价格均衡，均衡策略为在周期 1 定价 V，在周期 2 定价 ηV，获得期望收益为

$$\pi_F^{A^*}=\pi_F^{B^*}=\frac{1}{2}\varphi NV+\frac{1}{2}(1-\varphi)N\eta V \tag{8.25}$$

证明　定义任意实数 $\varepsilon\ (\varepsilon>0)$，若一航空公司单方面提价，其收益如式（8.23）所示。此时 $\eta(V+\varepsilon)\left(N-\frac{q}{2}\right)-\frac{1}{2}\varphi NV-\frac{1}{2}(1-\varphi)N\eta V>0$ 必须满足

$$V+\varepsilon>\frac{\varphi N+(1-\varphi)N\eta}{2\eta\left(N-\frac{q}{2}\right)}V>\frac{\beta}{\eta}V$$

即提价的幅度必须大于 $\frac{\beta}{\eta}V$ 才能获得更高的收益。由前述讨论可知，若提价幅度超过 $\frac{\beta}{\eta}V$，航空公司的收益为 0。因此任意航空公司没有提价的动力。

若一航空公司单方面降价，其收益如式（8.24）所示。其获得的期望收益高于不降价的期望收益必须满足

$$\varphi N(V-\varepsilon)+\left(\frac{q}{2}-\varphi N\right)\eta(V-\varepsilon)\geqslant\frac{1}{2}\varphi NV+\frac{1}{2}(1-\varphi)N\eta V$$

化简可得

$$\varphi NV-\varphi N\varepsilon+\left(\frac{q}{2}-\varphi N\right)\eta V-\left(\frac{q}{2}-\varphi N\right)\eta\varepsilon\geqslant\frac{1}{2}\varphi NV+\frac{1}{2}(1-\varphi)N\eta V$$

$$\varphi NV+\left(\frac{q}{2}-\varphi N\right)\eta V-\frac{1}{2}\varphi NV-\frac{1}{2}(1-\varphi)N\eta NV\geqslant\left[\varphi N+\left(\frac{q}{2}-\varphi N\right)\eta\right]\varepsilon$$

$$\frac{1}{2}\varphi NV(1-\eta)+\left(\frac{q}{2}-\frac{N}{2}\right)\eta V\geqslant\left[\varphi N+\left(\frac{q}{2}-\varphi N\right)\eta\right]\varepsilon$$

$$\varepsilon\leqslant\frac{\frac{1}{2}\varphi NV(1-\eta)+\left(\frac{q}{2}-\frac{N}{2}\right)\eta V}{\varphi N(1-\eta)+\frac{q}{2}\eta} \tag{8.26}$$

（1）当 $\frac{q}{2}-\frac{N}{2}<0$ 时，假定 $\frac{1}{2}\varphi NV(1-\eta)+\left(\frac{q}{2}-\frac{N}{2}\right)\eta V<0$，$\frac{1}{2}\varphi(NV-NV\eta)<\left(\frac{N}{2}-\frac{q}{2}\right)\eta V$，整理得 $\varphi<\frac{2\left(\frac{N}{2}-\frac{q}{2}\right)\eta V}{NV-NV\eta}$，则 $\varphi<\frac{\eta(N-q)}{N(1-\eta)}$。

由于$0<\varphi<1$，比较$\dfrac{\eta(N-q)}{N(1-\eta)}$与1的大小，假定$\dfrac{\eta(N-q)}{N(1-\eta)}<1$，有$\eta(N-q)<N(1-\eta)$，化简得$\eta<\dfrac{N}{2N-q}$。

若$\dfrac{q}{2}<\dfrac{N}{2}$，则$\dfrac{N}{2N-q}<1$。因此，当$\eta<\dfrac{N}{2N-q}$时，$\varphi<\dfrac{\eta(N-q)}{N(1-\eta)}$。

综上，当$\dfrac{q}{2}<\dfrac{N}{2}$时，$\eta<\dfrac{N}{2N-q}$，$\varphi<\dfrac{\eta(N-q)}{N(1-\eta)}$，式（8.26）右边小于0，那么$\varepsilon\leqslant 0$，与假设矛盾。表明任意航空公司单方面降价将导致更低的收益，因此理性的航空公司不会降低价格。那么此时两航空公司存在纯策略均衡，均衡结果为双方在周期1定价V，在周期2定价ηV，获得期望收益为$\dfrac{1}{2}\varphi NV+\dfrac{1}{2}(1-\varphi)N\eta V$。

(2)当$\dfrac{q}{2}-\dfrac{N}{2}>0$时，$\dfrac{\frac{1}{2}\varphi NV(1-\eta)+\left(\frac{q}{2}-\frac{N}{2}\right)\eta V}{\varphi N(1-\eta)+\frac{q}{2}\eta}>0$，$0<\varepsilon\leqslant\dfrac{\frac{1}{2}\varphi NV(1-\eta)+\left(\frac{q}{2}-\frac{N}{2}\right)\eta V}{\varphi N(1-\eta)+\frac{q}{2}\eta}$。那么$\varphi N(V-\varepsilon)+\left(\dfrac{q}{2}-\varphi N\right)\eta(V-\varepsilon)\geqslant\dfrac{1}{2}\varphi NV+\dfrac{1}{2}(1-\varphi)N\eta V$成立，即降价能够获得更高的收益。而在竞争环境下，单个航空公司降价能获得更多的收益，则另一个航空公司也会降价，最终导致Bertrand竞争。因此理性的航空公司不会单方面降价。

证毕。

综合8.5节和8.6节发现，当短视和策略乘客相同，即$\varphi=\dfrac{1}{2}$时，或短视和策略乘客任意比例时，两航空公司采用价格展示机制都存在均衡，且随着φ值的增大，均衡收益增大。

8.7 两种策略的比较及性质分析

本节将比较动态定价策略和价格展示机制下航空公司的收益差异，并探讨两种定价策略的适用范围。

8.7.1 短视和策略乘客数量相同

定义$\Delta\pi=\pi_D^*-\pi_F^*$，即

$$\Delta\pi=\frac{VN}{2}+\left(\frac{3N}{2}-q\right)^{+}\beta V-VN(1+\eta)/2$$

定理 8.5 当$\dfrac{3N}{2}<q$时，$\Delta\pi>0$；反之，当$\dfrac{3N}{2}>q$时，$\Delta\pi<0$。

证明 化简$\Delta\pi$可得

$$\Delta\pi=\left(\frac{3N}{2}-q\right)^{+}\beta V-\frac{\eta VN}{2}$$

当 $\frac{3N}{2}<q$ 时，有

$$\Delta\pi=-\frac{\eta VN}{2}<0$$

当 $\frac{3N}{2}>q$ 时，有

$$\begin{aligned}\Delta\pi&=\left(\frac{3N}{2}-q\right)\beta V-\frac{\eta VN}{2}\\&=\left(\frac{3N}{2}\beta-q\beta-\frac{\eta N}{2}\right)V\end{aligned}$$

当 $q<\left(\frac{3}{2}-\frac{\eta}{2\beta}\right)N$ 时，$\Delta\pi>0$。由于 $\left(\frac{3}{2}-\frac{\eta}{2\beta}\right)N<\frac{3}{2}N$，因此当 $q<\frac{3}{2}N$ 时，$\Delta\pi>0$。

证毕。

定理 8.5 表明，航空公司需求水平不同，其采取的销售策略也不同。当需求水平较高时，动态定价策略通过动态反馈，可以利用有限库存获得最大的经济效益。但当需求水平较低时，两航空公司在周期 2 的机票供应水平超过了等待的策略乘客的数量，动态调整价格将导致 Bertrand 竞争的产生。而价格展示机制通过在销售期初确定周期 2 价格，从全局的角度来引导需求，使得周期 2 获得大于 0 的收益。

下面通过数值模拟分析两种价格决策下策略程度、降价比例等参数对期望收益的影响。为了便于分析，令 $N=100$，$V=1$，定义 $\frac{q}{N}$ 为机票供应水平，$1<\frac{q}{N}<2$。以航空公司 A 为例，航空公司 B 类似。横轴为机票供应水平，纵轴为收益差，模拟结果如图 8.2 和图 8.3 所示。在图 8.2 中令 $\eta=0.5$，在图 8.3 中令 $\beta=1$。

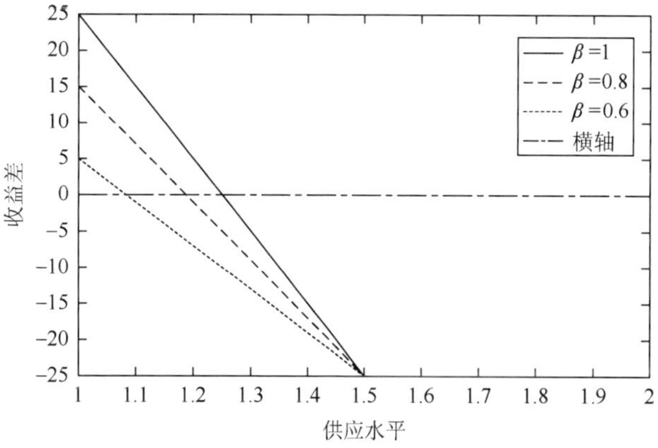

图 8.2　不同策略程度下收益差与供应水平的关系

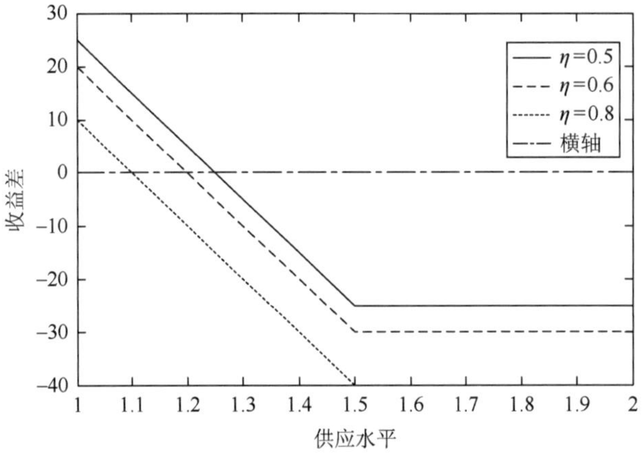

图 8.3　不同降价幅度下收益差与供应水平的关系

从图 8.2 和图 8.3 可以看出以下几个方面。

（1）需求水平越高，动态定价策略获得的收益越大。具体表现为供应水平越低，两种策略的收益差越大。

（2）当需求水平大于 1.5 时，乘客的策略程度越大，动态定价获得的收益越大。具体表现为在特定的供应水平下，β 越大，收益差越大。这是由于动态定价策略的均衡收益随着策略程度的增加而增加，而价格展示机制与策略程度无关，因此两者的差增加。同时在特定的供应水平下，降价幅度越大，价格展示机制获得的收益越大。具体表现为 η 值越大，收益差越小。

8.7.2　短视和策略乘客任意比例

令 $\Delta\pi = \pi_D^{j^*} - \pi_F^{j^*}$，即

$$\Delta\pi = \frac{1}{2}\varphi NV + \left(N - \frac{q}{2} - \frac{\varphi}{2}N\right)^+ \beta V - \frac{1}{2}\varphi NV - \frac{1}{2}(1-\varphi)\eta V$$

定理 8.6

（1）当 $\varphi N > 2N - q$ 时，$\Delta\pi < 0$；

（2）当 $\varphi N < 2N - q$ 时，$\Delta\pi > 0$。

证明

（1）当 $N - \frac{q}{2} - \frac{\varphi}{2}N < 0$，即 $\varphi N > 2N - q$ 时，有

$$\Delta\pi = -\frac{1}{2}(1-\varphi)N\eta V < 0$$

（2）当 $N-\frac{q}{2}-\frac{\varphi}{2}N>0$，即 $\varphi N<2N-q$ 时，有

$$\begin{aligned}\Delta\pi&=\frac{1}{2}\varphi NV+\left(N-\frac{q}{2}-\frac{\varphi}{2}N\right)\beta V-\frac{1}{2}\varphi NV-\frac{1}{2}(1-\varphi)N\eta V\\&=\left(N-\frac{q}{2}-\frac{\varphi}{2}N\right)\beta V-\frac{1}{2}(1-\varphi)N\eta V\\&=\left(N-\frac{q}{2}\right)\beta V+\frac{1}{2}\eta(\varphi-1)NV-\frac{1}{2}\varphi\beta NV\end{aligned}$$

令

$$\left(N-\frac{q}{2}\right)\beta V+\frac{1}{2}\eta(\varphi-1)NV-\frac{1}{2}\varphi\beta NV=0$$

将其看作 η 的函数，由于 $0<\varphi<1$，因此 $\varphi-1<0$，其斜率为负，截距项为

$$\left(N-\frac{q}{2}\right)\beta V-\frac{1}{2}\varphi\beta NV=N\beta V-\frac{q}{2}\beta V-\frac{1}{2}\varphi\beta NV$$

由于 $0<\varphi<1$，那么 $\left(1-\frac{1}{2}\varphi\right)-\frac{1}{2}>0$，则有

$$\left(1-\frac{1}{2}\varphi\right)q\beta V-\frac{q}{2}\beta V>0$$

那么 $N\beta V-\frac{q}{2}\beta V-\frac{1}{2}\varphi\beta NV>0$ 恒成立，因此

$$\Delta\pi=\left(N-\frac{q}{2}-\frac{\varphi}{2}N\right)\beta V-\frac{1}{2}(1-\varphi)N\eta V>0$$

数值模拟如下。

（1）当 $\varphi N>2N-q$ 时，令 $q=100$，$N=80$，$V=1$，那么 $\varphi>\frac{3}{4}$，$\Delta\pi=-\frac{1}{2}(1-\varphi)N\eta V$，此时 φ、η、$\Delta\pi$ 关系如图 8.4 所示。

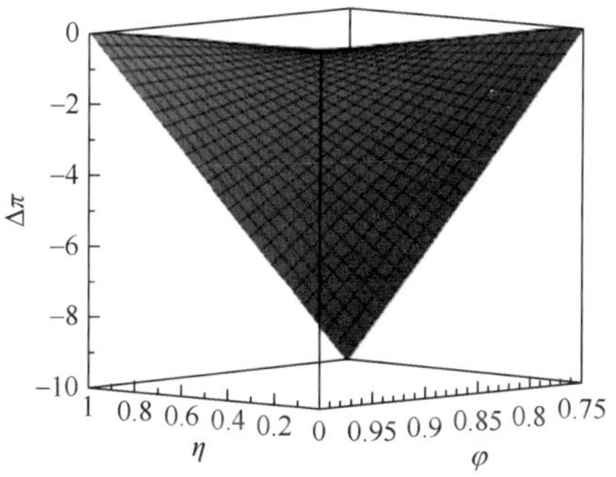

图 8.4　$\varphi N>2N-q$ 时，φ、η、$\Delta\pi$ 的关系

由图 8.4 可知，当短视乘客数量达到一定范围时，即 $\varphi N > 2N - q$ 时，航空公司采用价格展示机制获得的收益高于动态定价策略。

（2）当 $\varphi N < 2N - q$ 时，令 $N = 100$，$q = 80$，$\beta = 1$，$V = 1$，那么 φ、η、$\Delta\pi$ 关系如图 8.5 所示。

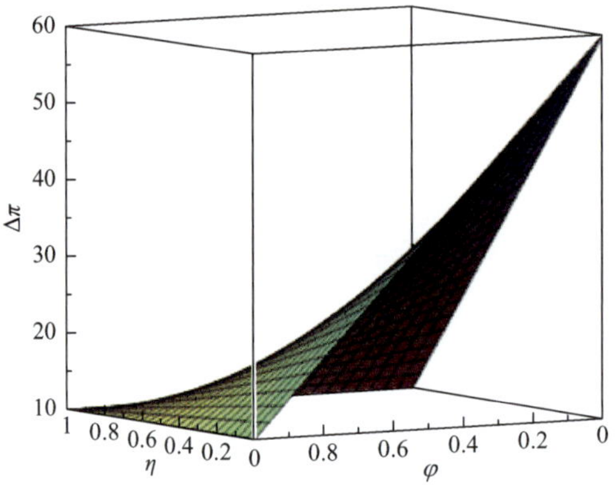

图 8.5　$\varphi N < 2N - q$ 时，φ、η、$\Delta\pi$ 的关系

由图 8.5 可知，当短视乘客数量在一定范围时，即 $\varphi N < 2N - q$ 时，此时采用动态定价策略获得的收益高于价格展示机制。

8.8　本章小结

本章研究了在竞争环境下当短视和策略乘客并存时，在机票销售中引入价格展示机制。本章分为三个部分：第一部分研究当短视和策略乘客数量相同或任意比例时，两航空公司采用动态定价策略的价格均衡和期望收益。第二部分研究当短视和策略乘客数量相同或任意比例时价格展示机制的运作，分析了不同需求水平下航空公司的定价和期望收益。第三部分比较了动态定价策略和价格展示机制。本章得出如下结论。

（1）在短视和策略乘客数量相同的情形下，当需求水平较高时，且乘客的策略程度越大，动态定价获得的收益越大。

（2）在短视和策略乘客任意比例的情形下，当短视乘客数量较多时，价格展示机制下的收益高于动态定价策略；当短视乘客数量较少时，采用动态定价策略更优。

通过比较发现，在短视和策略乘客并存的环境下价格展示机制并不是在所有的情况下都有效，而是在一定条件下优于动态定价策略。

第9章 结　　论

9.1 本书的主要工作

经过40多年的发展，动态定价已经成为企业进行科学定价决策从而提高收益的一项重要技能。我国正处于改革开放后的高速发展时期，市场变化较快，近年来随着信息技术的快速发展和全球经济一体化程度的加深，航空企业间竞争的方式也日益趋于激烈化，如何在复杂的环境下为机票制定一个“正确”的价格，将自己的机票在适当的时间、适当的地点提供给适当的乘客显得非常重要。动态定价作为易逝品收益管理的引擎，在航空机票收益管理过程中发挥着重要的作用，且互联网的普及使信息的传播更为便捷，航空企业调整价格的成本大大降低。与此同时，乘客通过互联网更容易地获得机票的价格波动信息而变得越来越“聪明”，他们会比较在各个阶段购买机票获得效用差异，再决定最优的购买时机。

乘客的策略行为严重影响到航空企业的动态定价决策和收益。因此，在价格决策时如何刻画乘客的策略购买行为，并将其考虑到决策模型中，提出适合航空企业操作的应对机制来缓解乘客策略行为的影响，去引导乘客在高价时提前购买，进而提高航空企业的收益，对于理论研究和实际应用都具有重要意义。

基于此，本书在对以往乘客策略行为下动态定价理论研究的基础上，综合利用博弈论、动态规划、行为经济学等理论与方法，研究了乘客策略行为下航空公司的定价及应对机制，使航空公司能够制定出更合理的价格，获得最大收益。归纳本书所做的工作及主要结论如下。

首先，在垄断环境下构建了考虑乘客策略行为的动态定价模型。第2章在乘客具有策略行为的假设下，将动态控制舱位开放作为策略，通过构建多周期动态规划模型，分析了航空公司开放舱位的条件和最优定价满足的关系。最后比较了航空公司舱位控制下动态定价和不进行舱位控制下的收益，结果表明，舱位控制策略通过控制销售期，减少乘客未来等待的效用获得更大的期望收益，可以缓解乘客策略等待行为对航空公司期望收益的影响。第3章研究了中介商销售机制对乘客策略行为的缓解作用，通过构建双渠道机票销售供应链，逆向求解探讨了航空公司和中介商的均衡定价策略，最后从航空公司和中介商的角度探讨了该机制的有效性。

其次，在竞争环境下研究了考虑乘客策略行为的动态定价问题。其中，第 4 章假定市场上有两个相互竞争的航空公司，且所有乘客都具有策略行为。将模糊销售机制引入航空客运机票销售中，利用 Hotelling 模型分析了在不同条件下两航空公司的最优定价、最优市场占有率以及期望收益，最后比较了航空公司实行模糊销售机制前后的收益差异，分析表明模糊销售机制在一定程度上能够缓解乘客的策略行为，提高航空公司的收益。第 5 章在双航班竞争的市场条件下，引入价格承诺销售机制，对比分析了航空公司在传统销售和价格承诺两种策略下的收益，得出了价格承诺机制的有效范围。

然后，探讨了需求不确定下考虑乘客策略行为的动态定价。第 6 章在需求学习下建立了考虑乘客策略行为的航空公司动态定价模型，得出了在需求学习下航空公司对策略乘客定价满足的关系式，并在需求函数不满足假设条件的情况下证明了航空公司最优收益函数和定价策略的结构性质。第 7 章分析了模糊销售机制在需求不确定下的应用，假定市场需求以一定的概率出现高需求和低需求，分别分析了航空公司在传统销售和模糊销售机制下的收益并进行了比较。结果表明在需求不确定下，模糊销售机制仍能缓解乘客策略行为的影响，增加航空公司的收益。

最后，分析了异质乘客对航空公司动态定价的影响。根据乘客不同的购买行为，将乘客分为短视和策略两类，首先假定市场上短视和策略乘客的数量相同，分析了动态定价策略和价格展示机制对航空公司收益的影响；然后放宽假设，探讨了短视和策略乘客任意比例时，两种定价策略的运作；最后通过比较得出了两种定价策略的适用范围。

通过以上分析可以看出，策略乘客的存在一定程度上对航空公司的收益和定价策略有影响，这种影响随着有效的应对机制的引入而降低，但是并无特别的某个机制供航空公司采用。在机票定价实践中，航空公司应根据具体市场环境来选择合适的应对机制，达到提高收益的目的。

9.2 研究展望

本书研究了考虑乘客策略行为的航空收益动态定价，将乘客的策略行为引入定价模型中，并提出了模糊销售、中介商销售、舱位控制、需求学习和价格承诺等应对机制，但这些研究也存在一定的局限性，具体如下。

（1）本书假设乘客和航空公司对市场信息的掌握是对称的，而实际上，由于信息流通渠道、乘客认知能力、航空公司核心竞争力等方面的原因，航空公司与乘客之间、航空公司之间存在信息不对称，因此考虑信息不对称下航空公司之间的价格博弈值得深入研究。

（2）在本书中，所有乘客对机票的估价都是相同的，但在现实生活中，乘客对机票的估价由于受到不同因素的影响可能存在差异，如收入的影响，高收入者与低收入者对机票估价可能不一样。又如时间的影响，时间紧迫与非紧迫的乘客对机票估价也可能不同。

（3）为了简化分析，本书假设所有乘客的策略程度相同且为一个常数，当乘客策略程度为一个随机分布函数时，分析航空公司的定价策略将更具实践意义。

参 考 文 献

毕功兵，王怡璇，丁晶晶. 2013. 存在替代品情况下考虑消费者策略行为的动态定价[J]. 系统工程学报，28（1）：47-54.

曹洪，周江. 2004. 季节性产品动态定价研究[J]. 数量经济技术经济研究，（3）：122-125.

陈雯，徐贤浩，彭红霞. 2013. 基于策略消费者行为的限量与价格承诺[J]. 系统工程学报，28（3）：307-315.

官振中，李伟. 2015. 存在投机商和策略型消费者的零售商定价研究[J]. 系统工程理论与实践，35（2）：308-314.

官振中，史本山. 2007. 基于顾客选择模型易逝性产品收益管理订购和定价策略[J]. 系统工程理论与实践，9：47-53.

胡奇英，刘建庸. 2000. 马尔可夫决策过程引论[M].西安：西安电子科技大学出版社.

胡荣，夏洪山，姜雨. 2012. 基于差异化的航空公司动态价格竞争的复杂性[J]. 交通运输系统工程与信息，13（1）：11-16.

李根道. 2010. 模型不确定下的收益管理动态定价策略研究[D]. 重庆：重庆大学.

李根道，熊中楷，李薇. 2010. 基于收益管理的动态定价研究综述[J]. 管理评论，22（4）：97-108.

李豪，熊中楷，彭庆. 2010. 基于乘客选择行为的双航班竞争动态定价模型[J]. 工业工程，13（2）：86-90.

李豪，熊中楷，彭志强. 2011. 竞争环境下基于顾客策略行为的易逝品动态定价研究[J].中国管理科学，（2）：88-98.

李小翠，张玉林. 2012. 顾客策略行为与贝叶斯需求学习下的易逝品定价[J]. 东南大学学报（自然科学版），42（5）：1021-1026.

刘晓峰. 2008. 策略型消费者的动态定价机制与返还合同设计[J]. 中南财经政法大学学报，168（3）：128-133.

罗利，萧柏春. 2004. 收入管理理论的研究现状及发展前景[J]. 管理科学学报，7（5）：75-83.

彭庆，李豪. 2011. 考虑乘客策略行为的航空公司动态定价与舱位控制模型[J]. 工业工程，42（8）：160-165.

彭志强. 2010. 面向策略性消费者的动态定价及应对机制研究[D]. 重庆：重庆大学.

彭志强，熊中楷，李根道. 2010. 考虑策略性顾客的动态定价和差价返还机制[J]. 管理工程学报，24（4）：53-57.

肖桂春，马士华. 2005. 再制造产品和产品水平差异化模型[J]. 工业工程与管理，10（1）：33-36.

肖勇波，陈剑，刘晓玲. 2008. 基于乘客选择行为的双航班机票联合动态定价模型[J]. 系统工程理论与实践，（1）：46-55.

邢蕾. 2011. 航空公司心理定价策略运用分析[J]. 科技资讯，（14）：231.

杨道箭，齐二石，魏峰. 2011. 顾客策略行为与风险偏好下供应链利润分享[J]. 管理科学学报，14（12）：50-59.

杨慧，周晶，宋华明. 2010. 考虑消费者短视和策略行为的动态定价研究[J]. 管理工程学报，24（4）：133-137.

钟宁，田澎. 2007. 基于动态定价理论的退票费率设计[J]. 上海交通大学学报，41（12）：1993-2000.

周杰，李豪. 2016. 考虑乘客策略行为的航空客运机票模糊销售机制研究[J]. 工业工程与管理，21（1）：150-158.

周振红. 2013. 基于混合型消费者的动态定价策略[J]. 统计与决策，（9）：184-186.

周正勇，林志炳. 2014. 策略顾客下的差价补偿和清货补贴机制的研究[J]. 福州大学学报，28（3）：51-55.

朱金福，周艳，姚韵. 2006. 航空客运舱位订座柔性控制收益分析[J]. 预测，25（5）：70-74.

Agrawal N，Smith A. 2013. Optimal inventory management for a retail chain with diverse store demands[J].

European Journal of Operational Research，225（3）：393-403.

Anderson C K，Wilson J G. 2003. Wait or buy? The strategic consumer：Pricing and profit implications [J]. Journal of the Operational Research Society，54（3）：299-306.

Atasu A，Sarvary M，Wassenhove L N. 2008. Remanufacturing as a marketing strategy[J]. Management Science，54（10）：1731-1746.

Aviv Y，Pazgal A. 2008. Optimal pricing of seasonal products in the presence of forward-looking consumers[J]. Manufacturing & Service Operations Management，1（4）：1-21.

Bernstein A，Federgruen F. 2004. Dynamic inventory and pricing models for competing retailers[J]. Naval Research Logistics，51（2）：258-274.

Bensako D，Winston W L. 1990. Optimal price skimming by a monopolist facing rational consumer[J]. Management Science，36（5）：555-567.

Bi G，Li L，Yang F，et al. 2014. Dynamic pricing based on strategic consumers and substitutes in a duopoly setting[J]. Discrete Dynamics in Nature & Society，3（4）：1-9.

Biglaiser G，Vettas N. 2004. Dynamic price competition with capacity constraints and strategic buyers[C]. Advancement of Economic Theory Conference on Competition Strategies and Customer，Fredericton：451-462.

Bikhchandani S，Mamer J W. 1997. Competitive equilibrium in an exchange economy with indivisibilities[J]. Journal of Economic Theory，74（3）：385-413.

Bitran G，Caldentey R. 2003. An overview of pricing models for revenue management [J]. Manufacturing & Service Operations Management，5（3）：203-229.

Briceño L，Correa J，Perlroth A. 2016. Optimal continuous pricing with strategic consumers[J]. Working Paper Available at SSRN.

Cachon G P，Kok A G. 2007. Implementation of the newsvendor model with clearance pricing：How to（and how not to）estimate a salvage value[J]. Manufacturing & Service Operations Management，9（3）：276-290.

Cachon G P，Swinney R. 2009. Purchasing，price，and guick response in the presence of strategic[J]. Management Science，55（3）：497-511.

Cachon G，Rard P，Feldman P. 2015. Price commitments with strategic consumers：Why it can be optimal to discount more frequently than optimal[J]. SSRN Electronic Journal，17（3）：399-410.

Chen C C，Schwartz Z，Patrick V. 2011. The search for the best deal：How hotel cancellation policies affect the search and booking decisions of deal-seeking customers[J]. International Journal of Hospitality Management，19（5）：314-330.

Chen S X，Gallego G，Li M，et al. 2010. Optimal seat allocation for two-flight problems with a flexible demand segment[J]. European Journal of Operational Research，201（3）：897-908.

Chris K A，Xie X Q. 2014. Pricing and market segmentation using opaque selling mechanisms[J].European Journal of Operational Research，233：263-272.

Coase R H. 1972. Durability and monopoly[J]. Journal of Law and Economics，15（1）：143-149.

Cooper W，Homem T，Kleywegt A J. 2006. Models of the spiral-down effect in revenue management[J]. Operations Research，54（5）：968-987.

Dasci A，Karakul M. 2009. Two-period dynamic versus fixed-ratio pricing in a capacity constrained duopoly[J]. European Journal of Operational Research，197（3）：945-968.

Dasu S，Tong C. 2010. Dynamic pricing when consumers are strategic：Analysis of posted and contingent pricing schemes[J]. European Journal of Operational Research，201（1）：662-671.

Diego E. 2014. Estimating dynamic demand for airlines[J]. Economics Letters，124（1）：26-29.

Du J，Zhang J，Hua G. 2015. Pricing and inventory management in the presence of strategic customers with risk preference and decreasing value[J]. International Journal of Production Economics，164：160-166.

Elmaghraby W，Keskinocak P. 2003. Dynamic pricing in the presence of inventory considerations：Research overview，current practices，and future directions[J]. Management Science，49（10）：1287-1309.

Elmaghraby W，Gulcu A，Keskinocak P. 2008. Designing optimal preannounced markdowns in the presence of rational customers with multiunit demands[J]. Manufacturing & Service Operations Management，10（1）：126-148.

Farias V F，Roy B V. 2006. Dynamic pricing with a prior on market response[J]. Operations Research，58（1）：16-29.

Fay S. 2008. Selling an opaque product through an intermediary：A case of disguising one's Product[J]. Journal of Retailing，84（1）：59-75.

Feng Y，Xiao B C. 2006. Integration of pricing and capacity allocation for perishable products[J]. European Journal of Operational Research，168（1）：17-34.

Feng Y，Xiao B C. 2008. A risk-sensitive model for managing perishable products[J]. Operations Research，56（5）：1305-1311.

Fudenberg D，Tirole J. 1991. Game Theory[M]. Cambridge：MIT Press.

Gallego G，van Ryzin G J. 1994. Optimal dynamic pricing of inventories with stochastic demand over finite horizons[J]. Management Science，40（3）：999-1020.

Gönsch J，Steinhardt C. 2013. Using dynamic programming decomposition for revenue management with opaque products[J]. Business Research，6（1）：94-115.

Granot D，Granot F，Mantin B. 2010. A dynamic pricing model under duopoly competition[J]. Operations Research，58（2）：122-147.

Heching A，Leung Y T. 2005. Product Pricing in the e-Business Era. Supply Chain Management on Demand[M]. Berlin：Springer.

Jerath K，Netessine S，Veeraraghavan S K. 2010. Revenue management with strategic customers：Last-minute selling and opaque selling[J]. Management Science，56（3）：430-448.

Josef B，Paat R. 2012. Dynamic Pricing under a general parametric choice model[J]. Operations Research，60（4）：965-980.

Ji W W. 2015. Dynamic pricing of perishable products with competition[J].Open Journal of Social Sciences，3：48-52.

Kalyanam K. 1996. Pricing decisions under demand uncertainty：A Bayesian mixture model approach[J]. Marketing Science，15（30）：207-221.

Kluge P N，Fassnacht M. 2015. Selling luxury goods online：Effects of online accessibility and price display[J]. International Journal of Retail & Distribution Management，43（10/11）：1065-1082.

Kremer M，Mantin B，Ovchinnikov A. 2015. Dynamic pricing in the presence of strategic consumers：Theory and experiment[J]. Social Science Electronic Publishing，（10）：33-72.

Lai G，Sycara K，Debo L，et al. 2006. An analysis on price matching policy[C]. The 8th International Conference on Electronic Commerce：The New E-commerce：Innovations for Conquering Current Barriers，Obstacles and Limitations to Conducting Successful Business on the Internet，Fredericton.

Lai G，Debo L G，Sycara K. 2009. Buy now and match later：Impact of posterior price matching on profit with strategic consumers[J]. Manufacturing & Service Operations Management，25（1）：1-23.

Levin Y，McGill J. 2009a. Optimal dynamic pricing of perishable items by a monopolist facing strategic consumers [J]. Production and Operations Management，50（1）：128-143.

Levin Y，McGill J. 2009b. Dynamic pricing in the presence of strategic consumers and oligopolistic competition [J]. Management Science，55（1）：32-46.

Levina T，Levin Y，McGill J，et al. 2009. Dynamic pricing with online learning and strategic consumers：An application of the aggregating algorithm[J]. Operations Research，19（2）：426-440.

Li Y，Wang Y Z，Cui Q. 2015. Evaluating airline efficiency：An application of virtual frontier network SBM[J]. Transportation Research Part E：Logistics and Transportation Review，81（3）：1-17.

Lin K Y. 2006. Dynamic pricing with real-time demand learning[J]. European Journal of Operational Research，174（1）：522-538.

Lin Y，Sibdari Y. 2008. Dynamic price competition with discete customer choices[J]. European Journal of the Operational Research，197（3）：969-980.

Liu Q，van Ryzin G J. 2008. Strategic capacity rationing to induce early purchases[J]. Management Science，54（6）：1115-1131.

Liu Q，Zhang D. 2013. Dynamic pricing competition with strategic customers under vertical product differentiation [J]. Management Science，59（1）：84-101.

Mahajan S，van Ryzin G J. 1999. Retail Inventories and Consumer Choice. In Quantitative Models for Supply Chain Management [M]. Boston：Kluwer Academic Publishing.

McGill J，van Ryzin G J. 1999. Revenue management：research overview and prospects [J]. Transportation Science，33：233-256.

Mersereau A J，Zhang D. 2012. Markdown pricing with unknown fraction of strategic customers[J]. Manufacturing & Service Operations Management，14（3）：355-370.

Misuk L，Alexandre K，Laurie A G，et al. 2013. An Analysis of destination choice for opaque airline products using multidimensional binary logit models[J]. Transportation Research Part A，46（10）：1641-1653.

Muth J K. 1961. Rational expectations and the theory of price movements[J]. Econometrical，29（3）：315-335.

Narasimhan C. 1989. Incorporating consumer price expectations in diffusion models[J]. Marketing Science，8（4）：343-357.

Neven D. 1985. Two stage（perfect）equilibrium in Hotelling's model[J]. The Journal of Industrial Economics，33（3）：317-325.

Ovchinnikov B A，Milner J M. 2005. Strategic response to wait-or-buy：Revenue management through last minute deals in the presence of customer learning[J]. University of Toronto Working Paper.

Papanastasiou Y，Savva N. 2016. Dynamic pricing in the presence of social learning and strategic consumers [J]. Forthcoming.

Papier P，Thonemann W. 2010. Capacity rationing in stochastic rental systems with advance demand information[J]. Operations Research，58（2）：274-288.

Peng D，Chen Q. 2014. Skimming or penetration：Optimal pricing of new fashion products in the presence of strategic consumers[J]. Annals of Operations Research，27（12）：1-21.

Peng Z Q，Xiong Y. 2008. Pricing strategy of service provider under buyer-driven pricing model[C]. International Conference on Engineering，Services and Knowledge Management，Dalian.

Prasad A，Venkatesh R，Mahajan V. 2015. Product bundling or reserved product pricing？Price discrimination with myopic and strategic consumers[J]. International Journal of Research in Marketing，32（1）：1-8.

Scott F. 2008. Selling an opaque product through an intermediary：The case of disguising one's product[J]. Journal of Retailing，84（1）：59-75.

Shen Z J M，Su X. 2007. Customer behavior modeling in revenue management and auctions：A review and new research opportunities [J]. Production and Operations Management，16（6）：713-728.

Sood A. 2004. Competitive Multi-period for Perishable Products[D].Massachusetts：Massachusetts Institute of Technology，Operations Research Center.

Sriram D，Tong C Y. 2010. Dynamic pricing when consumers are strategic：Analysis of a posted pricing scheme[J]. European Journal of Operational Research，204（3）：662-671.

Su X M，Zhang F. 2008. Strategic customer behavior，commitment，and supply chain performance[J]. Management Science，54（10）：1759-1773.

Su X. 2007. Intertemporal pricing with strategic customer behavior[J]. Management Science，53（5）：726-741.

Su X. 2011. Consumer returns policies and supply chain performance[J]. Manufacturing & Service Operations Management，16（2）：643-654.

Subramanian J，Stidham S，Lautenbacher C J. 1999. Airline yield management with overbooking，cancellations，and no-shows[J]. Transportation Science，33（2）：147-167.

Talebian M，Boland N，Savelsbergh M. 2014. Pricing to accelerate demand learning in dynamic assortment planning for perishable products[J]. European Journal of Operational Research，237（2）：555-565.

Talluri K T，van Ryzin G J. 2004. The Theory and Practice of Revenue Management[M]. Boston：Kluwer Academic Publishers.

Vincent M. 2008. Disclosing inventory to mitigate the impact of strategic waiting on profits[J]. SSRN Working Paper.

Wilson J G，Anderson C K，Sang-Won K. 2006. Optimal booking limits in the presence of strategic consumer behavior[J]. International Transactions in Operational Research，13（2）：99-110.

Wu Z P，Wu J H. 2015. Price discount and capacity planning under demand postponement with opaque selling[J]. Decision Support Systems，Forthcoming.

Xu X，Hopp W J. 2010. Dynamic pricing and inventory control：The value of demand learning [J]. Operations Research，55（9）：219-232.

Yan B，Ke C. 2015. Two strategies for dynamic perishable product pricing to consider in strategic consumer behavior[J]. International Journal of Production Research，12（3）：1-16.

Yang D J，Qi E，Li Y J. 2015. Quick response and supply chain structure with strategic consumers[J]. Omega，52（4）：1-14.

Yang H，Zhou J，Song H M. 2010. A dynamic pricing model with strategic and myopic consumers[J]. Journal of Industrial Engineering and Engineering Management，24（4）：133-137.

Yin R，Aviv Y，Pazgal A，et al. 2009. Optimal markdown pricing：Implications of inventory display formats in the presence of strategic customers[J]. Management Science，55（8）：1391-1408.

Zhang D，Cooper W L. 2009. Pricing substitutable flights in airline revenue management[J]. European Journal of Operational research，197：848-861.

Zhou Y，Fan M，Cho M. 2005. On the threshold purchasing behavior of customers facing dynamically priced perishable products[R]. Presentation at Informs Pittsburgh National Meeting，Seattle.